明·佚名撰

士官底簿

中国书店

詳校官左中允臣莊通敏

臣紀昀覆勘

欽定四庫全書　　史部十二

土官底簿　　職官類　官制之屬

提要

臣等謹案土官底簿二卷原本不題撰人姓名朱彝尊跋但云抄之海鹽鄭氏亦不言作者為何人凡明正德以前雲貴諸省土司爵氏因襲皆載焉觀其命名與繕寫之式疑當時案牘之文而好事者錄存之也所載雲南

百五十一家廣西百六十七家四川二十四
家貴州一十五家湖廣五家廣東一家共三
百六十三家其官雖世及而請襲之時必以
並無世襲之文上請所奉進止亦必以姑准
任事仍不世襲為詞欲以是示駕馭之權蓋
其相沿體式如此明自中葉而後撫綏失宜
威柄日弛諸土司叛服不常僅能羈縻勿絕
我

國家聲靈赫濯蠻服向風逆命者必誅奉職者蒙賞舊籍所載大半皆已改土歸流其存者亦無不革心順化比於郡縣書中所列乃前代一時苟且之制本不足道然明史土司列傳祇記其征伐刑政之大端而於支派本末未能具晰是編詞雖俚淺而建置源委一一可徵存之亦有足資考證者焉乾隆四十九年閏三月恭校上

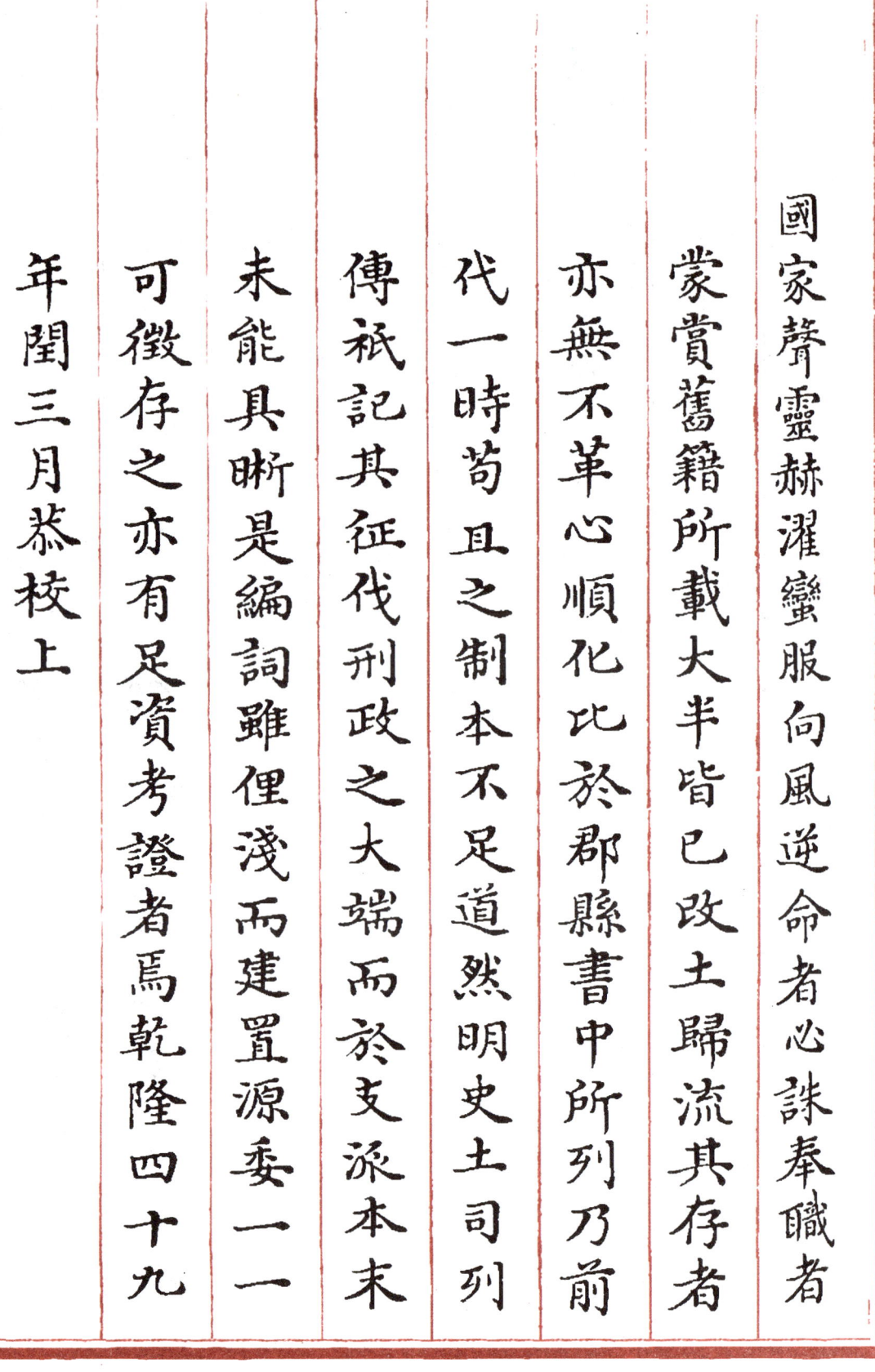

總纂官臣紀昀臣陸錫熊臣孫士毅

總校官臣陸費墀

欽定四庫全書

土官底簿卷上

雲南

雲南府安寧州知州董節雲南府安寧州人叔祖董賜前本州世襲土知州洪武十四年投附十六年備馬赴京朝貢十七年正月授鶴慶軍民府世襲土知府節授安寧州世襲土知州十八年正月賜赴京謝恩改除雲南前衛世襲指揮僉事無子奏准令節在閑操習聽襲

十九年四月總兵官發放隨賜領兵富民縣殺賊董定

又招諭土官出降二十二年備馬赴京朝賀賜有續生

庶長男董保襲職節原授職事奏奪尚衣監官傳奉欽

依說與吏部知道查得洪武十六年正月奉太祖皇帝

聖旨雲南土官來朝的你吏部家與安慶侯同王佐指

揮商議定奪你每來奏欽此會議土官申保等歸附緣

由節奉太祖皇帝聖旨安寧土官董節做本州世襲知

州鶴慶府知府董賜與他實授流官欽此十八年正月

傅友德傅鶴慶府土知府董賜原係安寧州知州有男
董節見襲知州職事令董賜朝覲到京退讓知州職事
欽奉太祖皇帝聖旨准他欽此本月又該兵科給事中
陸景宣傳奉太祖皇帝聖旨土官董賜男董節見做安
寧州知州着他閑了欽此已經行移欽遵年久參照董
節係是土官董賜姪男比先冒作親男襲任安寧州知
州後因董賜退讓知府改除指揮僉事已蒙欽依着令
閑了到今十八年餘一向不曾告明改正及董賜自有

庶生男董保襲職董節繞稱董賜姪男又以先前征進
有功備馬朝賀仍求定奪知州原職緣比先冒作董賜
男係在赦前免問外所奏董賜世襲知府查係流官及
查董節止是着他閑了亦無聽襲緣由所奏功蹟亦難
稽考又查董節革閑之後已於洪武二十六年另除知
州孫原祥赴任為事故洪武三十三年除授知州李志
名在任永樂元年二月奉聖旨見任的流官知州不動
這董節是土人還着他做知州一同管事不做世襲他

若不守法度時换了欽此故長男董福海備馬赴京告
襲十一年四月奉聖旨着他做不世襲止終本身若不
守法度時拿來廢了欽此洪熙元年給誥命不世襲老
疾三司會奏襲長男董玉應替成化元年奉聖旨董玉
既保勘明白着他做不世襲欽此弘治十年患疾長男
董方應襲十一年奉聖旨是董方還着他做知州不世
襲欽此老疾嘉靖元年本部題工部咨開雲南布政司
呈送董方男董沂該襲緣由并已納完木價印信領狀

粘咨到部查得本舍祖來俱不曾開有世襲字樣奉聖
旨是准他襲欽此

昆明縣清水江巡檢司巡檢李保雲南府昆平縣人永
樂元年十一月西平侯取充通事跟往車黒撫諭土官
刀暹答出官将所占地方退還威遠州知州刀弄黨及
差弟刀臘等賫馬匹方物赴京謝罪思得差委邊方瘴
癘經涉艱難乞照洪武二十七年本縣王四事例定奪
本部查得先該兵部送到西平侯差送緬人入緬回還

通事王四除授巡檢去雲南附近處補缺就差他洪武
二十七年六月奏除授雲南府安寧州羅次縣煉象關
巡檢司土官巡檢永樂二年四月奉聖旨也除他本處
做巡檢欽此當奏本處巡檢無缺奉聖旨多設去着西
平侯常州差使他欽此故布政司咨長男李英永樂十
四年十二月襲故成化六年三司會保長男李安應襲
本年正月題准行令就彼冠帶替職故奏保嫡次男李
旻應襲弘治五年十月奉聖旨李旻准承襲欽此

赤水鵰巡檢司土官巡檢馬速魯麻係元江軍民府入
籍充雲南中衛中左所土軍父阿剌馬丹洪武十八年
九月西平侯差作通事跟隨招諭洪武二十二年七月
故後將速魯麻做通事跟隨雲南右衛千户趙芳招諭
及同本官赴京公幹具告照例冠帶永樂二年八月奉
聖旨送吏部也除他做巡檢禮部便與冠帶欽此本官
多注赤水鵰巡檢司巡檢故長男馬麒永樂八年三月
奉令旨他的父也曾出些氣力如今着他做赤水鵰巡

檢還不做世襲以後若不志誠違了法度時却不要他
做敬此故男馬驥告襲天順七年五月題准就彼冠帶
襲職故男馬英三司保襲成化十七年七月奉聖旨馬
英着他做赤水鵬巡檢不世襲欽此故無嗣奏保馬英
親叔馬總應襲弘治十年六月奉聖旨馬總准襲土官
巡檢欽此
禄脿巡檢司巡檢趙興雲南府安寧州禄豐縣民洪武
十四年歸附十五年十二月總兵官征進大理等處辦

納糧草十六年十二月男趙宗告蒙總兵官擬充祿賑
巡檢司巡檢十七年實授二十四年三月故長男趙應
備馬赴京進貢告襲永樂二年五月奉聖旨着他回去
做巡檢只不做世襲若不守法度時不着他做還着流
官掌印欽此故次男趙讓自備馬匹正統二年三月奉
聖旨趙讓照李正例且准他襲職還行文書去覆勘但
有虛詐就拿解京字樣及寫縣分差錯都記他罪不問
欽此故奏保長男趙元天順八年三月奉聖旨是欽此

故九年男趙昇告襲正德六年三月奉聖旨是趙昇准
他襲欽此故長男趙邦奇在司聽襲
羅次縣知縣楊大用雲南臨安府寧州民洪武十六年
總兵官擬任景東府經歷司知事赴京朝覲除授通政
司知事二十年六月陞本司經歷差往雲南宣布聲教
承認土軍領把事刀思養將貢方物進貢二十三年九
月陞除戸部郎中二十五年除雲南右參議故三十三
年十二月親男楊正原任鎮安州沙橋巡檢告襲父職

叅照楊正故父楊大用先任景東府知事改除通政司
知事經歷係是流官後任户部郎中轉陞雲南叅議係
出特恩况方面大臣别無世襲事例巡檢楊正擬合仍
依見職發回原衙門管事永樂元年正月奉聖旨他父
既會做叅議病故了雖不當襲他首先來朝陞在雲南
做知縣只不做世襲若不守法度時換了欽此故男楊
珍十年襲故男楊晟八年襲故男楊永成應襲二十二
年七月奉聖旨楊永成准襲他父土官知縣欽此故嘉

靖九年十二月撫案奏保親男楊雄應襲奉欽依准令
冠帶就彼到任管事
煉象關廵檢司廵檢李阿白雲南府羅次縣民前原任
煉象關防送千户洪武十六年四月布政司劄擬煉象
關廵檢司土官廵檢十七年七月總兵官奏雲南土官
未曾實授十八年四月明文各處廵檢司陞為從九品
以陞授日為始再歷月日署事土官不支俸米故長男
阿頼備馬進貢告襲永樂元年正月奉聖旨准他做廵

檢還不做世襲若不守法度時換了欽此故八年嫡長
男李訓年幼李俊係阿賴親弟備馬赴京進貢侯姪長
成襲替十一年十二月奉聖旨准他做欽此故李訓告
襲正統五年二月奉聖旨既有布政司保結且准他襲
還行文書去覆勘若果不實拏解將來欽此故三司奏
保李暹係李訓嫡長男應襲八年題准李暹襲職故八
年咨勘李洪係李暹嫡長男應襲奉聖旨准他襲欽此
故正德七年八月布政司奏保長男李爵該襲查得本

舍祖來不曾開有世襲字様奏奉聖旨是准他襲欽此
禄豐縣南平關巡檢司巡檢李奀本縣羅羅民洪武十
六年歸附本年五月總兵官擬任南平關巡檢司巡檢
十七年實授三十二年為姦情事起送到部仍復舊制
永樂二年四月奏奉聖旨李奀着復職流官巡檢一同
去那裏管事欽此風疾男李斌告替二十二年六月奉
令旨照欽依例着他替只不世襲不守法度時換了欽
此故天順八年男李琮奏行三司勘奏應襲查照伊父

李斌告襲節奉欽依只不世襲成化元年九月奉聖旨
准他襲還不世襲欽此十年被鹽徒王龍等打死保勘
男李賜澄應襲弘治十四年二月題奉聖旨是准他襲
欽此為事監故男李朔嘉靖八年八月保勘聽襲
昆陽州易門縣縣丞王節寵慶軍民府人前任麗江府
知事洪武十五年歸附十六年總兵官劉擬本府經歷
十九年備馬赴京朝覲為經歷鄒仁見任將節調除昆
陽州易門縣縣丞故長男王嵩告襲被經歷鄒仁不准

發充儒學生員永樂元年十一月狀赴巡按雲南御史
處告發本府取結不准思父王節歸附省諭及實授文
書見在照本府知事董信等事例備馬赴京告襲二年
十月奏欽依不准他還着做生員欽此王嵩又行告襲
仍發回充生員讀書依例選貢係干告襲土官事理七
年正月啟奉令旨他父雖不是世襲的官終曾出些氣
力還着在易門縣做縣丞只不做世襲若不守法度時
不着他做欽此故長男王忠保送查得不係土官世襲

欲將本人發回原籍為民當差正統元年五月奉聖旨
着他還做易門縣丞不世襲但犯了法度便革罷不敘
欽此故三司會奏男王應麟應襲查伊祖父節奉欽依
不世襲成化三年十一月奉聖旨着做縣丞不世襲欽
此故正德十二年二月布政司奏保親男王臣應襲查
得祖來不曾開有世襲字樣奉聖旨是王臣着做縣丞
不世襲欽此

大理府洱西驛驛丞張銘大和縣民已故土官驛丞張

鑑舊名張文秀嫡次男祖父張山襲曽祖父職事故曽
祖父洪武十五年首先歸附招諭人民復業十六年總
兵官劉擬在城驛土官驛丞十七年實授故張山係嫡
長親男備馬赴京進貢告襲為無世襲難以准理又查
本驛見有流官驛丞秦耕合將張山發回原籍為民永
樂二年六月欽奉令旨着他做驛丞還着流官掌印也
不做世襲若不守法度時換了欽此故長男張福年幼
不能襲職親弟張海告借十二年正月奉聖旨不做世

襲且着他借職權管着不做例欽此張福宣德二年六

月襲職故天順四年三司保送張銘到部襲職為無總

兵等官會奏發回又該張銘奏要冠帶仍取三司會奏

本部議将張銘襲父驛丞職事冠帶回還不許到任管

事仍取三司會奏至日定奪本年閏十一月奉聖旨是

欽此故保伊庶長男張濟應襲弘治元年八月奉聖旨

是欽此故正德七年五月布政司保勘親男張守成應

襲查得本舍祖來不曾開有世襲字樣題奉聖旨是准

他襲欽此

大和縣神摩洞巡檢司巡檢趙俊本縣籍承襲前元大理府録事洪武十五年歸附總兵官着令招諭金齒土軍授神摩洞巡檢十七年實授故無兒男正妻楊觀信帶同女觀壽并自幼招到養老女壻楊欒師名等赴京進貢告襲又該布政司咨呈趙慶告係趙俊親姪赴部爭襲議發原籍永樂五年三月奉聖旨是只准這婦人襲了欽此故觀壽係親女告襲永樂十三年八月奉聖

旨吏部不為常例着他女兒替了欽此正統元年九月
女兒土官巡檢趙觀壽并姪監生趙裹各節次奏告爭
襲本月發回雲南會勘未報文選司缺册內查得成化
十二年四月除流官張時益
金沙江巡檢司巡檢得力石玉雲南府昆明縣人指揮
李觀下頭目洪武十四年歸附攻打烏撒等處城寨後
跟總兵官征進有功二十五年除授曲靖軍民霑益阿
幢橋巡檢司巡檢食米一考給由三十一年改除大和

縣金沙江巡檢司巡檢三十五年朝賀永樂二十年給
由本年十一月復職故庶男得彥中二十二年六月奉
令旨照欽依例着他做只不世襲若不守法度時換了
欽此故總兵官三司保勘庶男得志隆天順元年九月
奉聖旨得志隆既是土官巡檢的親男還着他做土官
巡檢欽此故庶長男得璽十年五月奉聖旨准他襲嘉
靖九年十二月撫按奏保長男得從正本月奉聖旨准
令冠帶就彼到任管事

趙州定西嶺巡檢司巡檢李青字本州寧遠鄉前任彌
只防千户洪武十七年歸附總兵官擬充定西嶺土官
巡檢本年實授故長男李得備馬赴京告襲為無布政
司起送公文及服制未終永樂四年正月奏發照勘明
白本年九月奉聖旨着他做巡檢還不做世襲若不守
法度時罪他着流官掌印欽此故男李能亦故姪李子
成係李得嫡長孫備馬進貢保送洪熙元年六月奉聖
旨着他做照太宗皇帝聖旨還不做世襲不守法度時

罪他欽此故無子李和係李子成親叔保送正統二年
八月奉聖旨是准他襲還行文書去覆勘但有虛詐就
拿解京欽此故男李圓政告襲亦故李和嫡長孫李鑑
告襲行三司會奏李鑑應襲成化三年五月奉聖旨着
他做還不世襲欽此弘治五年三月故奏保嫡長男李
淮應襲十二年二月奉聖旨是准他襲欽此
趙州蔓神寨巡檢司巡檢董實雲南大理府太和縣民
洪武十五年投降十六年總兵官劄授大理府土官經

歷職事奏聞實授故男董祐患病不曾告襲董禄係嫡長親孫備馬赴京告襲本部查無董寶實授緣由况洪武十六年病故到今年久無憑查考議得不准永樂六年二月奉聖旨他祖雖不是世襲的官終曽出些氣力着在大理做廵檢只不做世襲若不守法度時换了他封印流官掌印欽此故長男董禎送部查係不是世襲人數難准正統五年八月奉聖旨他是土人也准他襲只不世襲若不守法度時换了欽此景泰二年董禎照

例納米塡注宣撫司經歴仍管蔓神寨廵檢司事風癱

長男董琳告襲成化三年十二月奉聖旨董琳准做廵

檢不世襲欽此故董倫告襲弘治十三年九月奉聖旨

德勝關驛丞王義大理府太和縣僰人洪武十五年四

月總兵官差往南鶴慶等府招到土官土軍歸附十六

年總兵官劄充河尾驛丞後改得勝關驛丞十九年實

授二十四年故長男王昇告襲永樂元年十二月節該

奉聖旨着王昇做驛丞不做世襲若不守法度時換了

欽此故嫡長親男王斌十六年正月奉聖旨着他做只
不世襲若不守法度時換了欽此故無子弟王祥告襲
宣德三年四月奉聖旨依太祖皇帝旨意着他做不守
法度時換了欽此故長男王源保襲間病故次男王長
壽正統九年襲年老長男王永慶告替弘治元年十一
月奉聖旨是欽此十四年故奏保弟王永遠十八年十
一月奉聖旨是准他襲欽此
雲南縣知縣楊奴大理府趙州雲南縣僰人洪武十六

年投降總兵官擬任本縣土官縣丞患病長男楊得永
樂元年十二月奉聖旨他既曾來朝見又照勘明白了
着他替職欽此故長男楊宗二十二年五月奉令旨照
欽依例着他做只不世襲不守法度時換了欽此正統
三年楊宗調征麓川等處有功六年正月陞任州判仍
管縣事本年八月復征麓川有功七年二月陞本縣土
官知縣故男楊文瑛勘奏間故男楊金剛應即楊鎮保
襲看得楊鎮祖楊宗原襲土官縣丞有功歷陞土官知

縣俱不曾開有世襲字樣今三司會奏要照詔書事例
将楊鎮承襲土官知縣成化二十一年十二月奉聖旨
着做土官知縣欽此故無嗣奏保楊鎮堂弟楊貴洪武
十五年十二月奉聖旨楊貴准承襲欽此故正德十年
七月布政司奏保長男楊訓查得本舍祖來不曾開有
世襲字樣奉聖旨楊訓准承襲欽此
雲南縣主簿張興大理府趙州雲南縣僰人前職品甸
管民千戶所世襲土官洪武十五年歸附十六年總兵

官定註本縣土官主簿十七年實授二十六年故嫡長
男張觀舊名張觀音保三十五年十二月奉聖旨張觀
還着他襲的是欽此故長男張顥保襲未經三司體勘
擬將本人發回覆勘六年三月奉聖旨既土人准他襲
還着文書去覆勘若有虛詐拏將來欽此老疾男張端
天順六年九月保替故長男張景十三年八月奉准就
彼冠帶襲職患病長男張大倫奏襲弘治元年十一月
奉聖旨是欽此

安南坡巡檢司巡檢李納麟大理府趙州人洪武十五年歸附十六年四月總兵官劄擬安南坡巡檢司巡檢十七年實授二十四年調江西九江府湖口縣湖口鎮巡檢告不識字語言不通照例復職三十五年九月備馬赴京朝賀回還故庶長男李瑛永樂八年三月欽奉令旨着他做巡檢不做世襲以後不志誠時却不教他做欽此故嫡長男李茂宣德五年四月奉聖旨是照例襲欽此故嫡長男李郁弘治五年十一月奉聖旨李郁

准承襲欽此患疾嫡長男李肩宗正德五年八月奉聖

旨是李肩宗准他替欽此

俢甸巡檢司巡檢李義趙州雲南縣民洪武十六年招

諭頭目左丞李些等歸附總兵官劉擬前職十七年實

授二十三年給由二十四年復職故嫡長男李花備馬

赴京進貢告襲永樂三年七月奉聖旨着他做巡檢只

不世襲若不志誠時換了那見任的巡檢掌印着他封

印欽此患疾同男李瑛赴京朝貢奏替洪熙元年閏七

月奉聖旨准他替還不做世襲不志誠時換了欽此故
男李文正統六年造送總督尚書王驥處准襲故無嗣
弟李禄未襲亦故奏保男李欽告襲弘治十三年十月
奉聖旨是李欽准做土巡檢欽此
雲南驛驛丞袁奴大理府趙州雲南縣民洪武十五年
歸附十六年四月總兵官劉充前職十七年實授二十
四年四月調除江西九江府彭澤縣龍城驛驛丞為因
語言不同又不識字具告復職三十五年十月赴京朝

賀回驛年老長男袁賜先于洪武三十年九月爲事問
發洱海衛充軍嫡長孫袁思聰告襲永樂四年正月奉
聖旨他兒子犯法他却不曾犯法既老了着他孫袁思
聰做驛丞還不做世襲若不志誠時却着別人做欽此
故宣德三年男袁海襲故男袁讓成化十四年六月奏
襲查無三司會勘未報文選司缺冊内查得成化九年
二月除流官劉伏聰
鄧川州知州阿這本州小百夷人洪武十五年閏二月

投拜總兵官劉擬本州知州十七年正月實授故長男
阿子賢永樂二年六月奉聖旨着他襲欽此故男阿永
忠自備象馬差把事尹朝禄進貢宣德二年九月内官
吴誠傳奉聖旨准他着吏部知道欽此患病男阿照正
統九年襲老疾長男阿昱未襲故奏保阿照嫡孫阿驥
應襲弘治六年六月奉聖旨准他替欽此故正德十四
年十二月長男阿國禎納完木價并本舍年幼免其赴
京行令就彼冠帶查得本舍祖來不曾開有世襲字樣

奉聖旨是准他襲欽此
青索鼻廵檢司廵檢楊良大理府太和縣僰人洪武十
五年歸附十六年六月總兵官擬充前職十七年備馬
進貢永樂八年五月奉聖旨着他回去做廵檢不做世
襲若不守法度時不着他做還着流官廵檢掌印欽此
故長男楊森洪熈元年閏七月奉聖旨依着太宗皇帝
聖旨着他做廵檢還不世襲欽此故景泰二年九月男
楊仲告襲為照欽依還不世襲人數又無三司保勘難

以准理奉聖旨是欽此天順八年十月襲故嫡長男楊
杰成化十四年奏襲查無三司會勘奏行勘間故男楊
瓛未襲亦故男楊漢卿見在應襲
鄧川州浪穹縣典史王生大理府鄧川州民洪武十五
年投降總兵官擬任鄧川州吏目後因普顏都叛亂大
軍後征率衆迎接十六年九月總兵官劄改浪穹縣典
史十七年實授故嫡長男王恭備馬赴京告襲永樂六
年七月奉聖旨着他做典史不做世襲也不為例犯了

法度時不饒欽此告疾男王保十五年正月奉聖旨准
他替了罷欽此故男王寧宣德六年二月奉聖旨准他
做不世襲也不為例犯了法度時不饒欽此文選司缺
冊內查得成化七年十月初三日除流官黃志常
師井巡檢司巡檢楊勝大理府鄧川州民洪武十五年
歸順十六年四月總兵官劄充大理府鄧川州浪穹縣
師井巡檢司巡檢十七年實授二十三年給由二十四
年四月復職三十二年七月調除黑鹽井鹽課提舉司

阿陋猓井鹽課司副使三十三年七月復除師井廵檢
司廵檢永樂十五年問罪禁故孫男楊和洪熈元年九
月奉聖旨除他做廵檢只不世襲欽此故成化三年三
司會奏本官庶長男楊永常應襲本年十一月奉聖旨
准他做廵檢不世襲欽此故男楊天然故絶輪該另枝
楊永鎔長男楊志温應襲病癱男時應該替襲
十二關廵檢司廵檢李智大理府鄧川州民洪武十五
年歸附總兵官劄任前職十七年實授故嫡長男李福

赴京告襲永樂元年正月節奉聖旨都准他做巡檢還
不做世襲若不守法度時換了欽此正統八年七月親
男李順赴總督尚書靖遠伯王驥處襲職成化十年
三月姪李禎奏襲故弘治十四年男李文潼襲故男李
伯琳嘉靖十二年八月奏欽蒙准襲

巡檢張成大理府鄧川州民洪武十五年歸附十六年
八月總兵官劉任前職十七年實授故嫡長男張護備
馬赴京告襲照勘明白永樂元年正月奉聖旨都准他

做巡檢還不做世襲若不守法度時換了欽此
鳳羽鄉巡檢司巡檢尹勝大理府鄧川州民前木光路
府判洪武十五年歸附十六年十一月總兵官劄任鳳
羽鄉巡檢司巡檢十七年實授三十二年十月裁革衙
門調署本縣上江嘴巡檢司事老疾嫡長男尹宗赴京
朝賀告替永樂元年正月奉太宗皇帝聖旨都准他做
巡檢還不做世襲若不守法度時換了欽此年老嫡長
孫尹瑄應替無布政司官吏保結擬將發回覆勘宣德

九年六月奉宣宗皇帝聖旨且准他襲去還行文書去
覆勘如有虛詐就着總兵官黔國公拏解來京欽此故
成化三年四月嫡長男尹酋奉憲宗皇帝聖旨准他做
還不世襲欽此故正德元年十二月布政司奏稱長男
尹鐫眼雙瞎孫男尹澄應襲奉武宗皇帝聖旨准他做
還不世襲欽此故嘉靖五年六月布政司奏嫡長男尹
永基應襲奉聖旨是尹永基准承襲土官巡檢欽此
下江嘴巡檢司巡檢何海大理府鄧川州浪穹縣土人

係舊日土官洪武十六年歸附總兵官劄除下江嘴巡
檢司巡檢十七年實授故嫡長男何名備馬赴京告襲
永樂二月五月節奉聖旨都着他回去做巡檢只不做
世襲若不守法度時不着他做還着流官巡檢掌印欽
此故嫡長男何護宣德五年八月奉聖旨准他還不世
襲欽此故親男何鏞本布政司保送緣不係世襲人數
難准正統五年八月奉聖旨既土人准他襲只不世襲
若不守法度時換了欽此文選司缺冊内查得成化九

年五月二十六日除流官巡檢韋敏親供查得何鏞故
男何壽還亦故未襲男何貴故未襲男何文武正德十
六年上司查取保送承襲中途痼疾長男何枝接應襲
箭桿場巡檢司巡檢字忠大理府鄧川州浪穹縣民舊
日土官洪武十六年歸附總兵官劉除本場巡檢十七
年實授故嫡長男字良備馬赴京告襲永樂二年五月
奉聖旨着他回去做巡檢只不做世襲若不守法度不
着他做還着流官巡檢掌印欽此親男字達備馬赴京

進貢襲職為無布政司官吏保結及無宗圖隨繳擬將
本人發回續該字達奏前事宣德八年十月奉聖旨准
他襲如覆勘不實不饒欽此故正統八年八月男字保
送靖遠伯王驥處准襲中風成化三年三司會奏長男
字安應襲本年七月題准行令就彼冠帶襲替故嫡長
男字宸應襲成化二十三年十一月奉聖旨是欽此故
男字俸未襲男字廷宣亦未襲止據本司兵夫火頭拾
排里老李榮等保呈雲南按察司分巡金滄道批縣給

帖令字廷宣協同管事
蒲陀崆巡檢司巡檢楊順大理府太和縣人先蒙大理
守禦官取充通事招安人民洪武十六年六月總兵官
擬充巡檢十七年實授給由復任老病嫡長男楊祥備
馬赴京告替永樂七年正月奉令旨准他替職只不做
世襲若不守法度時不着他做還着流官掌印欽此故
嫡長男楊資洪熙元年閏七月奉聖旨着他做巡檢還
不世襲欽此故嫡次男楊鑑布政司不曾委官覆勘亦

不係世襲人數仍難准理宣德十年四月奉聖旨既有

雲南布政司咨呈且准他做巡檢去不為例亦不世襲

還行文書去覆勘如果有不實就拿解來京欽此故男

楊麒告襲巡撫王都御史看係楊鑑襲時只不世襲恭

革為民成化十五年楊麒比例告襲三司未經會勘行

勘未報故男楊禎病癱未襲男楊勇未曾送部嘉靖九

年七月巡按行布政司查勘未報

順盪井巡檢司巡檢李良大理府鄧川州浪穹縣民由

義兵元帥洪武十五年歸附十七年八月跟同鶴慶府
知府董賜赴京朝覲本年十一月除本縣順盪井副巡
檢三十二年十二月爲事爲民後爲錯罷官員起取到
部永樂元年十二月奉聖旨着他復職欽此故嫡長男
李泉備馬赴京告襲亦故嫡長孫李泰赴京告襲泰照
土官副巡檢不係世襲官員難以准理永樂十一年五
月奉聖旨不爲例還着他去做犯了法度不饒欽此故
無子親弟李安保送未經三司覆勘亦不係世襲難以

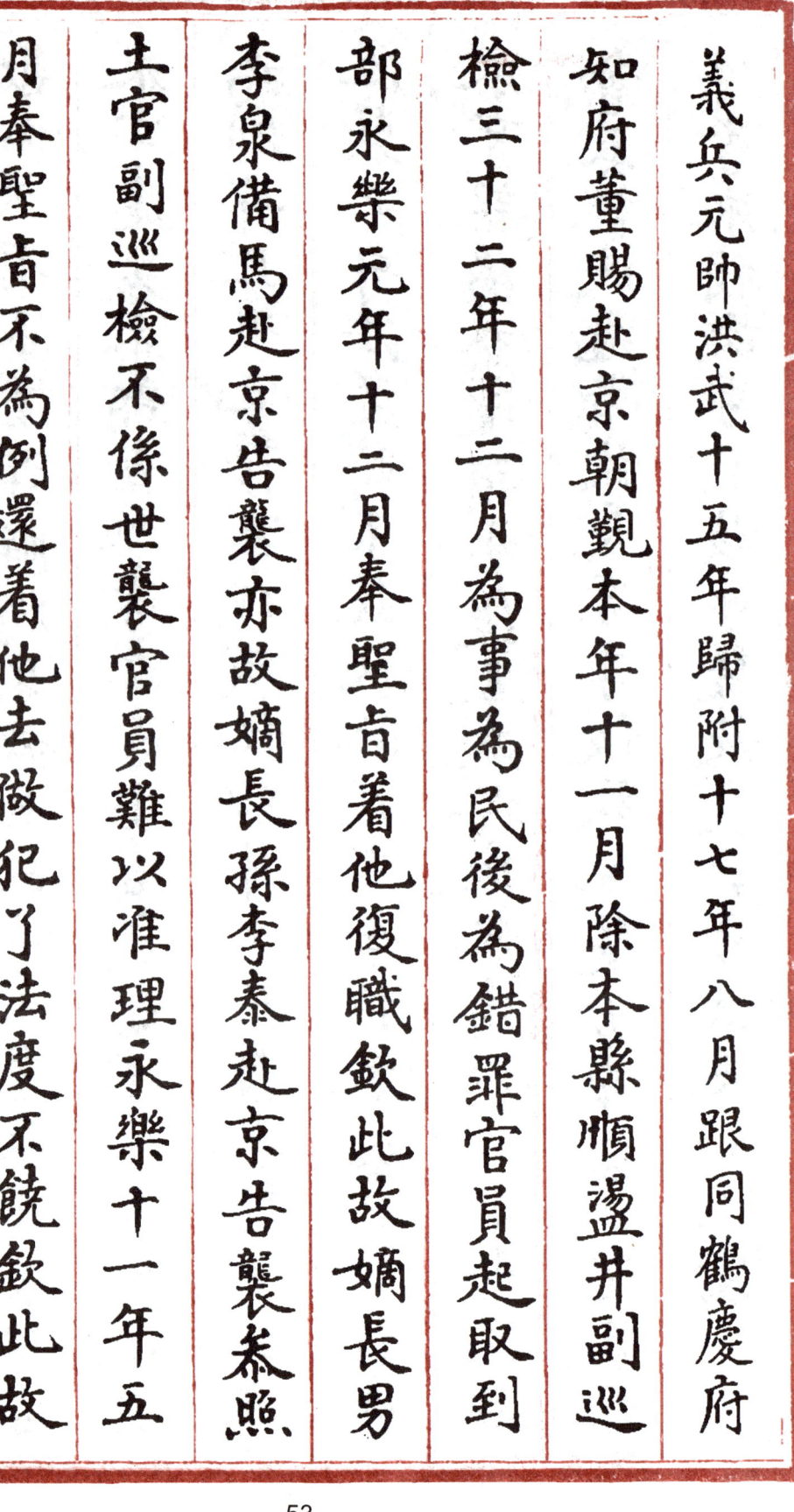

准理正統二年七月奉聖旨且准他襲還行文書去覆
勘如果有不實拏解將來欽此故三司會奏嫡長男李
永亨應襲本部查照李泰李安吉襲之時節奉欽依不
為例并且准他襲事理成化四年十二月奉聖旨且准
他襲不守法度時不饒欽此故男李招未襲故絶該李
永亨親弟李永禎承襲奉例於成化十二年取勘定名
會奏就彼冠帶故長男李俊故未襲男李宏故絶李信
係李永禎次男應該承襲故長男李鑑見今聽襲

蒙化府知府左禾大理府蒙化州羅羅人係本州火頭
洪武十五年大軍克復仍充添摩牙等村火頭十六年
正月投首復業總兵官擬充蒙化州判官十七年實授
續該西平侯奏據里長張保等告保左禾授任二十餘
年夷民信服乞將陞任永樂三年二月奉聖旨他做判
官二十餘年不犯法度好生志誠著陞他做封印流官
知州不動還掌印欽此患疾嫡男左度替職起程間被
人殺死左禾仍前署事故左伽嫡長男告替本部議難

准理永樂十三年四月奉聖旨准他替了欽此正統五
年上粮陞府同知仍掌州事後征麓川有功陞從四品
又有功陞知府又有功陞從三品散官亞中大夫仍陞
知府掌州事續該本州奏稱三十五里人民四千一百
四十八户税粮四千七百餘石要將本州改為府治本
部行該會勘明白正統十三年六月奏准將本州改為
蒙化府就令知府左伽掌印管事年老天順五年孫左
琳替職故無嗣成化四年三司會奏親弟左瑛應襲准

行令就彼冠帶替職故嫡長男左銘奏襲弘治十三年
十一月奉聖旨是欽此故十六年三月保男左禎襲替
奉聖旨左禎准襲知府職事欽此左禎緣事男左文臣
調征有功給與冠帶見在聽襲
備溪江巡檢司巡檢字白大理蒙化州山外羅羅人前
充山外火頭洪武十七年授拜總兵官擬充土官巡檢
當年實授二十二年跟雲南都司等官剿捕崑崙被賊
殺死本年六月布政司劄委弟字青暫署職事三十二

年申保准襲三十五年正月給由永樂四年正月復職
故男字斌雲南三司保勘天順五年十一月准襲職回
還緣無會奏保不許到任管事行該三司會奏具堂上
官保繳天順八年准管事故男字伯告襲間亦故奏保
伊男字璽應襲成化十三年七月題准就彼冠帶襲職
故絕堂姪字禄見在告襲
樣備巡檢司巡檢馬回回定大理大和縣民洪武十六
年跟隨大軍攻打鄧川州浪穹縣等處有功總兵官劉

充樣備巡檢司巡檢十七年實授永樂二年給由患病
帶男馬哈麻告替議不准理本年十一月奉聖旨他旣
是眼疾著他兒子替職只是還不做世襲若守法度時
常著他做不守法度時換了欽此故嫡長男馬沙保襲
十三年十二月奉聖旨着他襲了不做世襲只終他本
身欽此補本奉聖旨這廝本不當襲暫著他襲了不做
例若生事不守法度不饒欽此文選司缺冊内查得成
化九年五月除流官巡檢王志拳

浪滄江巡檢司巡檢字青大理府蒙化州羅羅人充崑
崙火頭洪武十七年授鄧都督擬充前職本年實授故
男字成永樂三年二月奉聖旨都除他去做何勝做副
使字成做巡檢封印都不還做世襲也不為常例若不
志誠又不守法度時換了欽此故長男字羅永樂十三
年四月奉聖旨准他襲欽此故字隆告襲亦故男字永
年委係字羅嫡長孫男成化三年六月奉聖旨准他做
巡檢還不世襲欽此故男字洪故男字麒故但未襲男

字青見在聽襲
蒙化府樣備驛驛丞尹義蒙化州僰人洪武十六年授
降總兵官委任本驛驛丞十七年實授故長男尹春備
馬赴京進貢告襲永樂三年二月奉聖旨尹春著他去
做驛丞封印還不做世襲也不為常例若不志誠不守
法度時換了欽此年老嫡長男尹恭先故遺下尹嵩係
孫男自小脚疾難替嫡次男尹印宣德五年八月奉聖
旨准他還不做世襲欽此老疾將職退還尹嵩三司保

送景泰四年七月奉聖旨既有委官保勘明白准他襲
原職欽此老疾長男尹平成化十六年十月奉聖旨尹
平准做驛丞還不世襲欽此故男尹政老疾未襲男尹
鳳應襲

雲龍州知州段保本州民洪武十六年歸附本年十月
總兵官劉擬本州知州十七年實授二十六年故嫡次
男段海三十年四月西平侯委令署事本月欽除雲南
大理府雲龍州知州故男段亨勘襲間亦故男段榮保

送靖遠伯王驥處准襲故男段銘該三司會奏成化元
年十月准令段銘就彼冠帶正德十一年四月布政司
奏保段洪告襲起送間亦故將段洪嫡長男段懷金承
襲送部查得祖來不曾開有世襲字樣奉聖旨是段懷
金准襲祖職欽此
臨安府嶍峨縣知縣祿佑房羅羅人洪武十五年總兵
官處授拜十六年赴京除本縣縣丞十七年閏十月改
除本縣知縣故弟祿寧承襲又故正妻沙頭襲職亦故

衆議保勘本官第三妻沙護應襲永樂三年二月奉聖
旨准他襲欽此故嫡長親姪禄華永樂九年二月奉聖
旨准他保著禄華襲欽此老疾嫡長男禄萬鍾正統八
年七月靖遠伯王驥處冠帶故成化元年會奏嫡長男
禄繼通應襲本年三月准令禄繼通就彼冠帶故無嗣
奏保禄繼通親弟禄繼達未襲故嫡長男禄文應襲伊
伯父禄繼通知縣職事弘治六年十一月奉聖旨禄文
准襲土官知縣欽此文故無嗣親弟禄武該襲查得祖

來不曾開有世襲字樣正德七年七月奉聖旨准他襲
欽此
主簿王敬澂江府新興縣民宣德三年任車里鹽井巡
檢司土官巡檢被夷人殺死嫡長男王添祥正德六年
總督尚書王驥處襲職征麓川有功陞授土官主簿爲
無衙門委署臨安府河西縣曲陀巡檢司事備馬赴京
陳情景泰二年本部擬王添祥添註臨安府嶍峨縣土
官主簿貼流官辦事奉聖旨是欽此故嫡長男王俊告

襲因無三司會奏發回聽候會奏至日定奪天順四年十月奉聖旨是欽此王俊又奏來京告襲二次途程萬里要乞襲父職事仍取三司會奏擬將王俊襲職事不許管事仍催會奏至日定奪本年十一月奉聖旨是欽此天順七年三司會奏准令管事故嫡次男王錙弘治九年正月奉聖旨准他襲欽此行令王錙就彼冠帶到任管事故無嗣親弟王錡弘治十八年奉聖旨是王錡准他襲欽此就彼冠帶故絶嗣堂弟王欽正德六年五

月奉聖旨是王欽准他襲欽此故絕正德七年三月保
勱王錡同祖堂弟王鈐應襲查祖來不曾開有世襲字
樣奉聖旨王鈐准他襲欽此
蒙自縣知縣祿慶本縣羅羅人承襲土官故無子嗣祿
羨襲職故嫡長男祿勝二十七年襲職故族弟祿政三
十五年襲故祿勝遺腹親男祿榮永樂二十二年五月
奉令旨准他襲欽此故男祿剛年幼保伊妻沙欽承襲
宣德五年奉聖旨准他欽此故正統八年祿剛保送軍

務尚書王驥處准襲患病要令伊男祿崇襲職三司會
奏成化元年十二月題准祿崇就彼冠帶故無嗣親弟
祿代十年二月准就彼冠帶弘治十一年九月行勘祿
仁是否祿賜親男年久未報至弘治六年四月文選司
報蒙自縣添設流官知縣掌印土官知縣專一管束夷
民巡捕盜賊嘉靖二年九月巡撫王啟奏祿賜户絶流
官知縣管理縣事土官公座裁革奉聖旨是准擬行欽
此

寧州知州弄甥本州羅羅人前世襲土官禄威親弟洪武十六年本州流官知州歐陽一請開設衙門鄉老王慶保甥承襲赴京朝覲洪武十七年四月寔授故男禄慶承襲緣無世襲宣德元年三月奉聖旨著他做知州還不世襲欽此故男禄英保送總督尚書王驥處准襲故伊男禄永成化二年十二月奉聖旨禄永准做知州還不世襲欽此庶次男禄安告襲查奉欽依還不世襲四年三月奉聖旨禄安准做知州不世襲欽此故庶次

男祿俸弘治十一年十一月奉聖旨祿俸還著他做知
州不世襲欽此十六年四月文選司報寧州添設流官
知州掌印土官專一管束夷民巡捕盜賊
阿迷州知州普寧和羅羅人相繼承襲阿迷州萬户府
土官洪武十六年赴京朝覲授阿迷州知州故男普救
告襲二十年准襲二十六年故嫡長男普誓西平侯劄
付接鈌管事二十九年正月奉太祖皇帝聖旨既是西
平侯著他署事與他實授欽此故男普寧年二歲未堪

承襲鄉老告保普哲正妻沙保暫署州事候普寧長成

襲職永樂二年十月奉聖旨是如今著沙保做知州等

他男長成時著他襲欽此回還在途病故把事者老等

告保普哲次女沙虛暫襲八年四月奉令旨先准沙虛

做知州等普寧長大襲職欽此沙虛故普寧先故普顯

宗係沙虛嫡長孫男亦係普寧男宣德五年六月奉聖

旨准他欽此故男普柱正德八年襲故並無嫡庶弟姪

兒男正妻沙費成化元年奏襲查勘十八年弟普明奏

襲查係爭襲不明行勘未報文選司缺冊內成化十二
年十二月除流官杜參
東山口巡檢司巡檢張昱原任溪處甸長官司土官巡
檢天順八年十月本府委署管東山口巡檢司印三司
保保張昱詮註管事成化三年三月奉聖旨是欽此嘉
靖四年三月巡撫胡訓等議阿迷州東山口巡檢司原
有巡檢司印信景泰年間保襲土官普覺管理為惡典
刑革襲保任土官巡檢張昱故後子孫例不該襲原奏

保土民普納又故查舉土官枝派普旭堪任土官巡檢

又該三司議得普旭平民難加前職乞將普旭暫授冠

帶護守印信以後果能建立軍功子孫應否承襲另行

議處奉聖旨是欽此

曲靖軍民府南寧縣白水關巡檢司巡檢李禬芳舊名

桂芳雲南府昆明縣人指揮李觀下頭目洪武十四年

隨同本官歸附節次隨跟大軍攻打大理等處十六年

西平侯撥守金齒仍前叅隨二十四年總兵官劄授白

水闗巡檢永樂十七年老病庶長男李文玉赴京進貢
永樂二十一年十一月奉令旨吏部查例了奏請敬此
縁行勘未報合將李文玉發回候勘本年十二月奉令
旨是敬此宣德二年替職老疾嫡長男李輔成化三年
十二月准令就彼冠帶故長男李璘未襲故嫡長男李
俊承襲伊祖李輔土官巡檢十四年正月奉聖旨是李
俊准襲土官巡檢職事
亦佐縣知縣安白係世襲土官洪武十五年歸附十六

年赴京欽授本縣官知縣十七年九月與普安讐殺典刑男沙舊年幼令族叔阿察管事二十一年除流官知州王和到縣沙舊與同協力辦事三十二年勘合令襲本州土官知縣故男沙存告襲宣德二年十二月奉聖旨著沙存做亦佐縣縣丞欽此故弟沙得宣德五年十二月奉聖旨准他做欽此沙得在任酒狂生拘百姓不服管束殺死營長沙陀告發問擬典刑沙廣襲故無嗣堂弟沙杲告襲間故沙廣堂圭沙圭成化二十三年二

月奉聖旨是欽此嘉靖二年二月工部咨據布政司保
送絶嗣土官縣丞沙圭親叔故嫡長男沙資所生嫡長
男沙安宗該襲查得本舍既納木價免其赴京但祖來
不曾開有世襲字樣奉聖旨准他襲欽此
縣丞禄寧曲靖軍民府前越州已故土官知州阿資男
父因生拗不向化洪武二十七年西平侯剿殺了當本
州地方人民分撥陸京雲盤等州亦佐等縣管屬遺寧
送普安把者地面母舅營長自錯家依養進馬赴京有

舊日把事劉泰博易告乞復設越州衙門除授流官掌
印將寧授佐二職事叅照祿寧係叛賊阿資遺下兒男
雖經赦宥終難任用永樂三年正月奉聖旨他的父祖
因是生拗不向化剿殺了如今他每却知道理自來朝
貢便是好人了這祿寧着做縣丞劉泰博易都做把事
還跟他去都便與他冠帶這兩把事若助祿寧為善守
法度常着他做若有不停當時先問他恁部家差官送
他每到西平侯處教安排一箇縣分裏了奏將來却註

欽此故嫡長男海葉自備馬匹同已故男帶把事劉
泰男劉進博易男阿定赴京告襲洪熙元年六月奉聖
旨都照太宗皇帝聖旨行着他做欽此故男海琮總督
尚書王驥處冠帶故無嗣姪海祿成化八年二月准令
就彼冠帶故親男海岳正德七年九月查得祖來不曾
開有世襲字樣奉聖旨是准他襲欽此故弟海嵩襲故
男海潮正德十三年奉例納銀八十兩就彼冠帶嘉靖
十二月奉勑一道加賜從七品服色

霑益州知州阿哥前元世襲曲靖宣慰使洪武十四年
歸附仍充宣慰使兼管霑益州事故男阿索承襲故嫡
長男阿周三十二年襲故無兒男斗男係已故同籍弟
阿甲男阿周親姪備馬赴京進貢告襲洪熙元年五月
奉聖旨着他襲欽此故本官妾適壁正統八年正月欽
准襲職故保勘適仲孫適壁童養媳婦應襲姑職天順
三年十月奉聖旨是欽此故男安奢成化十三年七月
准就彼冠帶襲職嫡長男安民弘治十一年二月奉聖

旨安民准襲土官知州欽此故正德七年四月男安慰
查得祖來不曾開有世襲字樣奉聖旨是安慰准他襲
欽此故嘉靖十九年二月親男安正奉欽依准令冠帶
就彼到任管事
松韶鋪巡檢司巡檢李英雲益州民充把事宣德九年
松韶驛山林險惡蠻賊刼掠總兵官沐晟奏英諳曉夷
情捕盜有功准任開設松韶鋪巡檢司土官巡檢英同
男李經領軍獲功三十二次斬獲首級四顆年老李經

弘治元年九月奉聖旨李經准做土官巡檢欽此故正
德十二年正月男李儀故生長男李洪聽襲間已成痼
疾伊男李表亦故土舍李濱係已故李經長男李儀次
男應襲查得祖來不曾開有世襲字樣奉聖旨是李濱
准他承襲祖職欽此

陸涼州知州資宗本州羅雄人世襲土官洪武十六年
總兵官起送赴京朝覲當年十一月欽除本州知州故
男資求永樂四年十二月奉聖旨着他做知州欽此故

男資曹幼有母沙共告襲夫職候資曹長成替職永樂
十四年奉聖旨著沙共借襲欽此宣德八年四月資曹
替職正統六年十二月殺賊有功陞府同知仍管州事
嘉靖十三年閏二月資徵奏乞承襲資曹原襲知州管
理州事正統六年殺賊有功陞府同知職事仍管州事
景泰六年遇例納粟陞宣慰司使副使仍管州事後革
納級令襲府同知職事仍管州事奉聖旨是欽此
馬龍州知州安崇本州羅羅人前代世襲土官知州洪

武四年故男法燈年幼母薩住赴京告襲十六年准襲
故法燈年長出幼告襲二十七年八月奉聖旨准他襲
欽此男阿長正統六年保送總督尚書王驥處襲職正
統七年故男阿僧未襲先故長壽係阿長親孫阿僧嫡
子告襲成化二年正月准行就彼冠帶故嫡長男長輔
弘治元年二月奉聖旨是欽此文選司缺册内查得弘
治七年四月知州長輔故絶改設流土官知州羅環
羅雄州知州普苴本州羅羅人洪武十五年歸附十六

年總兵官定用前職故男樂伯二十九年十一月准襲故者永係親男年幼適廣係父樂伯正妻永樂八年十二月奉聖旨准他襲欽此故者永年幼伊叔沙陀借襲永樂十二年閏九月奉聖旨准他襲欽此宣德元年十月者永出幼奉聖旨是准他襲欽此故無嗣堂弟者甫告襲天順八年八月奉聖旨是欽此故庶長男者松弘治十四年七月奉聖旨是者松着冠帶襲土官知州仍不世襲欽此故正德十年十月親男者達祖來不曾開

有世襲字様奉聖旨是者達准承襲欽此嘉靖九年十
二月親男者昴奉欽依准令冠帶就彼到任管事
潡江府江川縣關索領巡檢司土官巡檢李實本縣人
任本司土官巡檢故嫡長男李榮赴部爲無具奏正統
四年奉聖旨既是土人且准他襲還行文書去覆勘若
有虛話就拏解來京欽此風病男益高天順七年襲成
化十五年正月被賊殺死嫡長男李奎應襲弘治元年
正月奉聖旨是欽此故堂姪李祥告襲緣事發驛充站

故無嗣

新興州鐵爐關巡檢王爵新興州民正統八年總兵官沐昻選充把事自備甲馬征進麓川斬首三顆本州强賊殺死官軍阻絶道路知州郭證設鐵爐關巡檢司衙門保勘爵節獲軍功具結題准填註土官巡檢故男王大用累獲軍功應襲弘治元年九月奉聖旨是欽此故男王珦告襲間爲僞問發廣西柳州衛充軍男王德明見在聽襲

楚雄府楚雄縣縣丞楊益僰人由前威楚路廣通縣主
簿洪武十五年歸附十六年朝覲十七年除呂合巡檢
司土官巡檢三十二年裁革改調廣通縣捨資巡檢司
巡檢永樂二年復任呂合巡檢老病嫡長男楊俊備馬
赴京朝賀告襲永樂四年春月奉聖旨且着他回去辦
事行文書照勘合等回來定奪欽此布政司勘明白本
月奉聖旨他文書既來了着他替做巡檢只不世襲也
不為例不守法度時換了欽此故嫡長男楊洙故嫡孫

楊芳歲半楊正次男借職宣德五年六月奉聖旨且著
他做等他姪楊芳大時還著楊芳做欽此正統四年納
米陞本縣土官主簿累征麓川有功陞本縣土官縣丞
正統十三年姪楊芳長成告襲查得楊正原借巡檢職
事納米陞主簿後征進有功陞本縣寔授土官縣丞楊
正情願令姪楊芳襲替正統十四年十月奉欽依既征
進有功准襲欽此故男楊永義弘治七年六月奉聖旨
准他襲欽此故正德六年八月嫡長男楊感未出幼比

上舍左禎那靖事體乞襲但祖來不曾開有世襲字様
奉聖旨是准他襲欽此
楚雄縣主簿阿星羅羅人充本鄉火頭歸附洪武十七
年赴京除楚雄府通判故有妻適弨將男普救呈縣轉
申議得普救若仍受父職似為太重置之不用有失夷
心宜於楚雄縣佐二官内用已將男普救擬注本縣主
簿洪武十八年十二月奏准到任故男普鼎襲職故止
生一男年幼保妻海郎承襲查無普救病故及無普鼎

到部除授日月永樂元年五月奉聖旨且准他署事著布政司保勘得明白了都與實授欽此後保普救姪普故承襲保送無布政司保勘公文將普救發回病故保妻設劉承襲查得阿星男普救已經擬注楚縣縣主簿令設劉告要承襲通判難以准理欲將設劉仍授主簿普救職事宣德五年四月奉聖旨是欽此患病姪普濟總督尚書王驥處冠帶故無嗣景泰四年四月三司保普濟正妻設貴應承襲夫職查無會奏行勘未報

本縣土官巡檢楊節本縣冠帶把事領兵征進麓川有
功陞土官巡檢仍管把事事故男楊凱保送查無會奏
擬將本人發回候會奏到日另行景泰四年十月奉聖
旨是欽此續該本人奏稱情願在京聽候會奏景泰五
年二月奉聖旨既是土人准他冠帶回去管事還行文
書與三司保勘明白如有虛詐奏來定奪欽此故長男
楊俏未襲故絶三司奏保嫡次男楊倖弘治元年八月
奉聖旨是欽此故正德八年七月嫡長男楊福恵未襲

先故嫡孫楊福安祖來不曾開有世襲字樣奉聖旨是
准替做巡檢仍管把事事欽此
定遠縣主簿李祿九撒摩徒人由前本縣世襲土官縣
丞祿九伊李苴親姪祿九洪武十五年閏二月總兵官
擬任本縣縣丞與伯李苴辦集公務後故總兵官將李
苴任本縣主簿洪武十七年實授二十八年為事問發
白盐井工役三十一年釋放回家在閑里老董堅等告
保李苴不准三十五年十一月奉聖旨還著他做主簿

再不守法度時却罷他職欽此故男李英告襲永樂十
三年六月奉聖旨發回去再著三司保勘將來欽此勘
回永樂十七年二月奉聖旨著他做只不世襲不守法
度時換了欽此故男李祥保襲查部查得不係世襲土
官宣德六年四月奉聖旨准他做只不世襲欽此故成
化二年男李普照護廕襲查照伊祖父節奉欽依只不
世襲本年五月奉聖旨准他做還不世襲欽此故庶長
男李元珍弘治十二年九月奉聖旨着他做還不世襲

欽此故嘉靖九年十二月撫按保奏男李爵該襲奉欽
依准令冠帶就彼到任管事
黑鹽井巡檢司巡檢楊節楚雄府定遠縣民洪武十五
年歸附十六年總兵官劉擬黑塩井巡檢司土官巡檢
本年張布政整理鹽課本井附近村分蠻民舊屬提舉
司管屬蒙將楊節就充本井提舉司提舉辦事故男名
四即楊巨源備馬赴京朝賀告襲參照不係世襲無例
可准洪武三十五年十二月奉聖旨他的父雖不是世

襲土官比先會辦鹽課供給大軍既是病故了着他男
做巡檢還在提舉司催辦鹽課只不做世襲若不守法
度時却換了欽此故男楊霖洪熙元年六月奉聖旨着
他做照太宗皇帝聖旨還不做世襲不守法度却換了
欽此正統三年事簡裁減查得大理府鄧川州浪穹縣
十二關巡檢司見缺巡檢合將本官調去本年六月奉
聖旨是欽此總兵等官榜示有能納米二百石量陞一
級楊霖納米二百石不願陞職呈部仍復舊任故成化

三年庶長男楊倫應襲四月奉聖旨楊倫著做巡檢還不世襲欽此填註黑鹽井巡檢故嫡長男楊寧弘治十四年五月奉聖旨准他襲還不世襲欽此故男楊永告襲

巡檢樊子得姚安軍民府姚州人洪武十四年進貢二十六年除授楚雄府楚雄縣黑鹽井巡檢司巡檢後為事發白鹽井工役故男樊真告有同起為事主簿李苴已行復職具告承襲赴部本部議擬樊子得係在配所

病故難比李苴承襲宣德五年六月奉聖旨准他做巡
檢只不世襲也不為例欽此故庶長男樊福緣天順元
年八月奉聖旨既是遠方土官巡檢兒男准他襲欽此
故嫡長男樊烋弘治七年六月奉聖旨准他襲欽此故
樊垣撫按勘襲

南安州判官李花通楚雄府定遠縣民由関良鎮撫洪
武十四年歸附十五年因自久叛亂於山箐藏住十九
年七月將偽叅政王滿殺獲首級解官總兵官授充黑

鹽井巡檢司巡檢二十年實授調琅井巡檢二十三年
備馬進貢調除湖廣蘄州蘭溪鎮巡檢司巡檢為是雲
南土人具告引奏復職故嫡長男李保備馬進貢告襲
永樂六年四月奉聖旨除他做巡檢還不做世襲著回
去等服滿了就那裏到任管事掌印他以後不志誠時
換了欽此宣德八年內官雲仙奏將李保陞任本州土
官協同流官辦事宣德八年九月奉宣宗皇帝聖旨土
官巡檢李保既是署事公勤錢粮不欠逃民復業著做

南安州判官協同流官知州辦事不爲例欽此正統四
年爲事斬罪運灰原籍爲民隨征麓川有功復還原職
正統十四年老疾男李任能先故李晟係孫男當年六
月奉太上皇帝聖旨准他替還著覆勘的實奏來欽此
成化十六年三月被刁民鄭端告稱索要銀兩成化二
十年男李柯來奏照李暹等事例納米復業咨都察行
查
廣通縣主簿段璽僰人係土官高政下把事洪武十五

年歸附十六年總兵官擬任前職十七年實授故長男
段時春患耳聾長孫段祿年一歲患惡瘡俱難承襲嫡
次男段時可自備馬赴京進貢告襲永樂三年十二月
奉聖旨著他去廣通縣做主簿只不做世襲若不忠誠
犯了法度時拿來問別著人做欽此年老男段惟忠正
統六年替老疾長男段鑑成化元年本部題准就彼冠
帶弘治七年征傷男段永聰本年奉聖旨段永聰准替
職欽此故男段不磷告襲間亦故男段素見在應襲

回蹬關巡檢司巡檢楊保楚雄府楚雄縣民由土官把事洪武十五年歸附十六年赴京朝貢告替永樂十六年正月奉聖旨准他替欽此後父楊伯齡病故親男楊震咨襲查無體勘正統四年九月奉聖旨且准他襲還行文書去覆勘但有虛詐拏解來京欽此老疾嫡長男楊祖榮成化十三年十月就彼冠帶疾嫡長男楊訓弘治九年五月奉聖旨准他替欽此正德七年六月楊訓絕嗣親弟楊淳送部查得祖來不曾開有世襲字樣奏

奉聖旨准他替欽此嘉靖九年十二月親男楊遇春本
月奉欽依准令冠帶就彼到任管事
回蹬關巡檢司巡檢成青可楚雄府廣通縣民充雲南
省叅政禿魯下効力洪武十五年歸附十六年四月總
兵官擬任本司巡檢十七年實授殘疾自備馬匹帶男
成普赴京進貢告替永樂元年正月奉聖旨准他替還
不世襲若不守法度時換了欽此文選司缺冊内查得
成化十二年九月二十三日除流官巡檢嚴海管事

定邉縣縣丞阿魯小百夷人任前定邉縣土縣尹洪武十五年歸附總兵官擬任本縣縣丞十七年實授年老長男阿吾不通語言嫡孫阿哀備馬赴京進貢告替二十九年正月奉聖旨准他欽此故宣德二年男阿賽襲故庶長男阿俄弘治十三年十月奉聖旨是阿俄准做土官縣丞不世襲欽此故正德六年八月庶長男阿懷恩祖來不曾開有世襲字樣奉聖旨阿懷恩准做土官縣丞不世襲欽此故嘉靖十二年七月庶長男阿大魁

查祖來不曾開有世襲字樣奉聖旨准他襲欽此
鎮南州同知段良楚雄府鎮南州僰人前元任本州土
同知洪武十六年四月總兵官劄取復任二十四年赴
京朝覲二十五年實授本州流官同知故嫡長男段奴
備馬赴京朝賀告襲三十五年十二月奉聖旨他父雖
不是世襲土官比先曾供給軍馬粮草既是病故了著
他這男還做流官同知不守法度時換了欽此老疾同
男段節赴京進馬告替洪熙元年六月奉聖旨著他替

做同知還是流官欽此患病男段護正統七年三月襲
故庶長男段梓潼成化十八年正月奉聖旨段梓潼保
著做流官同知欽此故嫡長男段然正德五年八月奉
聖旨段然著做流官同知欽此故長男段時和故男段
巖亦故絕然次男時泰應襲
判官陳均祥楚雄府楚雄縣民係土官高政下把事洪
武十五年歸附十六年總兵官擬任前職十七年實授
故嫡長男陳壽備馬赴京朝覲告襲永樂元年正月奉

聖旨還著他做判官不做世襲若不守法度時換了欽
此老疾帶男陳恭赴京告替洪熙元年六月奉聖旨著
他替照太祖皇帝聖旨還不做世襲若不守法度時換
了欽此故嫡長男陳全未經覆勘正統二年七月奉聖
旨旣雲南路遠往復艱難且准他襲還行文書去覆勘
如有不實拿解將來欽此年老男陳忠成化十五年十
二月奉聖旨陳忠准替判官不世襲欽此故男陳獻文
弘治七年十二月奉聖旨陳獻文准做判官不世襲欽

此故嘉靖九年十二月親男陳策奉欽依准令冠帶就
彼到任管事
英武關巡檢司巡檢張宗僰人前元任都都萬户府長
官司長官洪武十五年歸附十六年總兵官劉充前職
十七年實授十九年被賊殺死無子親姪張寺備馬赴
京朝貢吉襲洪武三十五年十二月奉聖旨他的伯雖
不是世襲土官比年曾供辦粮草既是病故了准他姪
男做巡檢只不做世襲不守法度時換了欽此故嫡長

男張禾送部查無世襲正統五年九月奉聖旨既是土

官准他襲只不世襲若不守法時換了欽此故成化八

年故男張遜嫡次男張子隆本年十二月奉聖旨准他

做巡檢只不世襲欽此故男張綱絶故絶弟張經男張

一言於嘉靖九年十二月奉欽依准令冠帶就彼到任

管事

鎮南巡檢司巡檢楊昌僰人由本府土官高政下把事

洪武十五年歸附十六年總兵官委署本司巡檢十七

年實授年老親男楊三保應赴京告替三十三年四月
替父職爲因衙門裁革調大理府趙州定西嶺巡檢後
丁憂起復到部查得已除流官巡檢彭信在任永樂二
年正月奉聖旨還着他去鎮南巡檢司做巡檢不做世
襲若不守法度時換了流官巡檢也着他一同在那裡
管事欽此故弟楊平宣德六年八月奉聖旨准他做只
不世襲欽此故無嗣姪楊通正統六年七月襲故次男
楊信未襲故男楊俊應襲成化二十一年三月奉聖旨

楊俊著做土官巡檢不世襲欽此故男楊珷告襲亦故
男楊萬林見在應襲
沙橋驛驛丞楊均僰人洪武十五年歸附充沙橋驛馬
户十六年五月總兵官劄充本驛驛丞十七年實授十
九年被賊殺死男楊護年老楊應係嫡長親孫備馬赴
京進貢告襲祖職永樂五年五月奉聖旨除他做驛丞
不做世襲流官掌印他以後不志誠時換了欽此老疾
親男楊北極奴就彼替職老疾男楊典成化十二年四

月奉聖旨楊典着做驛丞仍不世襲欽此故男楊玄弘
治四年八月奉聖旨楊玄着做驛丞仍不世襲欽此故
十五年五月男楊德宸就彼承襲免其納穀查得祖來
不曾開有世襲字樣奉聖旨楊德宸准他襲父職欽此
故男楊添爵應襲
阿雄府巡檢司巡檢者白羅羅人充本村火頭洪武十
六年總兵官劉任本村巡檢司巡檢十七年寔授故次
男者吾赴京告襲永樂六年三月奉聖旨着他襲欽此

十七年故者白庶長男者姜赴京進貢告襲洪熙元年
五月奉聖旨著他襲欽此故無兒男同宗堂弟者步宣
德十年三月奉聖旨旣有司府州官吏保結明白着襲
了去還行文書去着布政司覆勘若有虛詐就便拏下
解京發落欽此故男者廣本年二月内襲故次男者齊
景泰七年四月奉聖旨且與他冠帶回去管事欽此故
無嗣姪男者應就彼承襲查祖來不曾開有世襲字樣
奉聖旨是者應准襲土官巡檢職事欽此故男者旻故

男者必登告襲

姚安府土官高壽僰人前元任雲南行省左丞故男高

保襲職洪武十五年歸附十七年正月襲職故男高賢

年幼有弟高勝代襲原職候高賢出幼仍還承襲永樂

六年奉聖旨是著他署同知事欽此續該生員老人僰

思忠等告稱高勝別無冠帶永樂七年四月奉令旨著

他冠帶敬此永樂十六年高賢告係高保庶長男先因

年幼有叔高勝借職今已出幼備馬進貢告襲本年三

月奉聖旨准他襲那借職的革了冠帶閑住欽此後告
照楚雄府女土官知府高納的斤例陞做知府洪熙元
年三月奉聖旨著他做知府只不世襲那流官知府取
回來欽此故男高嵩襲職為照高賢知府不係世襲宣
德二年四月奉聖旨將高嵩發回查勘病故奉清遠伯
王驥准令高賢次男高貴襲土官知府叅照高賢隱下
祖高保原係世襲土官同知伊父高賢保陞知府不係
世襲情由妄行告襲知府三司委官明承前號勘合隱

匿不行回報欲行都察院轉行巡按將高貴革去知府
職名仍襲土官同知及查問前項違錯官吏正統十三
年十二月奉聖旨是欽此患風症男高翔成化十六年
六月替職故男高鳳弘治九年二月奉聖旨准他襲欽
此嘉靖九年十二月高鳳患病親男高齊斗奉欽依准
令冠帶就彼到任管事

姚州同知高義僰人係世職土官知州洪武十六年歸
附總兵官將男高惠劄任本州同知十七年實授故庶

長男高紫潼賜永樂二十五年五月奉令旨照欽依例

著他做只不世襲不守法度時換了欽此故男高澄成

化十三年四月奉聖旨高澄著做州同知仍不世襲欽

此故嫡長男高椿正德元年七月奉聖旨高椿著做州

同知仍不世襲欽此故嘉靖九年十月親姪高鄭奉

欽依准令冠帶十六年五月高鄭故絶堂弟高嗣承襲

查無世襲字様奉聖旨既勘明准承襲欽此

普昌巡檢司巡檢李可大理府趙州雲南縣人洪武十

六年歸附總兵官擬除本司巡檢年老男李智替故嫡
長男李善備馬赴京朝貢告襲永樂四年十二月奉令
旨著他做巡檢只不世襲若不守法度不志誠時換了
那見任的巡檢掌印著他封印敬此宣德元年五月男
李文中襲老疾成化十四年七月孫男李洪奏襲未經
會勘行勘未報文選司缺冊內查得成化十年九月除
流官阮志聰
鶴慶軍民府知事董信本府人由前本府司吏洪武十

五年歸附總兵官擬充前職十七年實授老疾帶領長
男董宗赴京進貢告襲永樂六年四月奉聖旨既老了
准他男替職還不做世襲欽此故男董壽宣德四年五
月奉聖旨著他做還不做世襲欽此故嫡長男董禄天
順八年八月奉聖旨董禄既無違碍著他做知事還不
世襲欽此弘治八年八月文選司報裁革正德七年十
月董禄孫董從賢送部但祖來不曾開有世襲字樣奉
聖旨是准他與做知事還不世襲欽此

在城驛驛丞田宗本府民由本府把事洪武十五年歸
附十六年跟隨土官高仲朝覲十七年除授本驛驛丞
故男田均未襲故嫡長親孫田永備馬赴京進貢永樂
六年四月奉聖旨除他做驛丞還不世襲著回去等服
滿了就那裏到任管事流官掌印他以後不志誠時換
了欽此故嫡長男田直備馬赴京進貢吿襲洪熙元年
三月奉聖旨著他做驛丞不世襲那流官驛丞取回來
欽此故男田正奏襲查照伊父襲職奉欽依不世襲成

化三年二月奉聖旨著他做驛丞不世襲欽此故嫡長
男田剛告襲間雙目盲無嗣故弟田聰弘治十四年正
月奉聖旨是田聰准襲土官驛丞欽此嘉靖九年十二
月孫田緯奉欽依准令冠帶就彼到任管事
觀音山巡檢司巡檢王友德本府民洪武十五年歸附
十六年總兵官劉擬前職十七年寔授故嫡長男王瑾
倍馬赴京進貢告襲永樂九年二月奉聖旨著他做巡
檢還不做世襲若不守法度時罷他欽此故成化四年

會奏嫡長孫王珍應襲本年十一月奉聖旨著他做巡
檢不世襲欽此故嫡長男王讓弘治十年五月奉聖旨
准他襲欽此嘉靖二年三月親男王應魁保襲查祖來
不曾開有世襲字樣奉聖旨是著他做巡檢仍不世襲
欽此
觀音山驛驛丞郭生本府民洪武十五年歸附差辦本
驛事務十六年總兵官擬充前職十七年實授故嫡四
男郭宗備馬赴京告襲永樂十一年二月奉聖旨准他

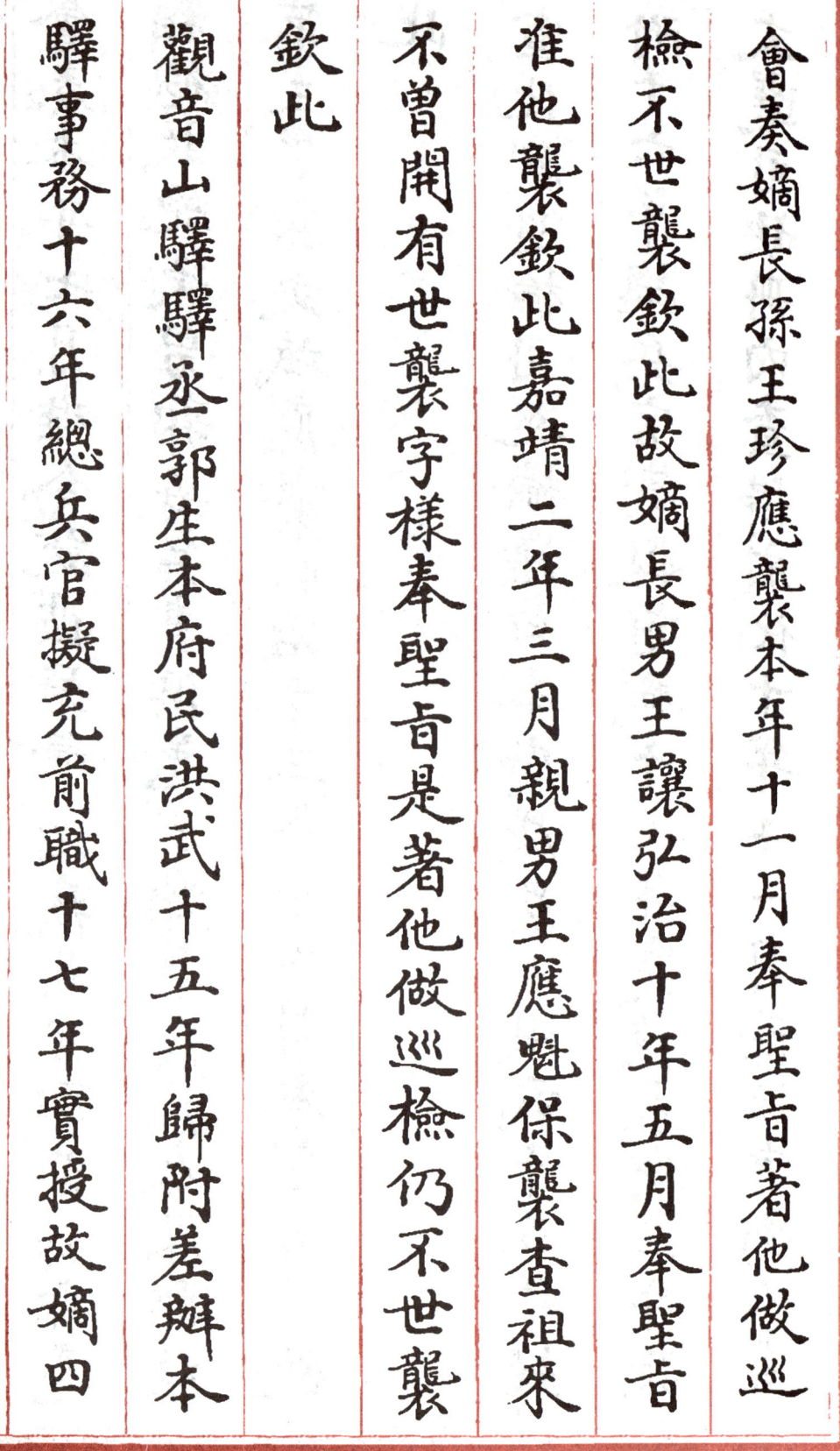

著世襲了欽此故男郭鑑殘疾孫郭珪告襲成化三年

會奏本年七月准令就彼冠帶老疾長男郭節孫郭亮

相繼故絶次男郭森并妻俱患風癱等疾無奏保郭珪

第三男郭文斌應襲弘治十三年十二月奉聖旨是欽

此

宣化關巡檢司巡檢羅白本府羅羅人洪武十五年歸

附十六年總兵官劉擬前職十七年寔授永樂三年故

文選司鈌冊内查得成化十年十一月除流官劉必貴

劍川州彌沙鹽井鹽課司副使何酋本州民前元任本井鹽課司大使洪武十六年歸附總兵官擬充本井鹽課司副使十七年實授故長男何勝備馬赴京進貢告襲永樂三年三月奉聖旨都除去做何勝做副使字成做巡檢封印都還不做世襲也不為常例若不志誠又不守法度時換了欽此故男何保告襲閻故正統元年四月弟何庄奏襲查得何保永樂十年告襲未任在途病故到今二十餘年不行承襲中間恐有緣故亦未

經三司體勘將何庄發回體勘至日施行文選司缺册

内查得成化七年四月除流官楊晢

彌沙井廵檢司廵檢哈只係本州民洪武十五年歸附

十六年叅隨大理衛指揮周能管領土軍與同大軍攻

破鄧川州等寨總兵官擬充前職十七年實授老病嫡

長男沙塄備馬赴京進貢告替永樂四年正月奉聖㫖

著他做廵檢只不世襲也不為例不守法度時換了欽

此成化八年劍川州吏史銘奏稱沙塄為事典刑要設

流官行勘未報成化十二年奏保冠帶上舍趙貴授任
巡檢不由上司經自具奏行勘未報文選司缺册内查
得成化十九年三月除流官何本
順州同知子與羅羅民襲祖先任土官知州洪武十六
年歸附總兵官劉擬本州同知十七年實授故男子清
三十三年正月襲故伊妻觀音銘告襲夫職宣德元年
五月奉聖旨著他做州同知還不世襲欽此續該布政
司咨呈備開鶴慶軍民府知府高寳闗開觀音銘再醮

之婦不應承襲奏革冠帶本府又保子清堂弟子公承
襲照勘去後續該布政司咨呈開子公宣德四年病故
天順七年子英奏要襲職行勘三司奏稱會勘得子英
係已故土官同知子清嫡親姪孫應襲查照彼先子清
妻觀音銘告襲節奉欽依還不世襲事理成化元年七
月奉聖旨着做州同知還不世襲欽此故嫡長男子海
弘治十二年十二月奉聖旨是着做州同知還不世襲
欽此嘉靖九年十二月撫按等衙門奏保鶴慶軍民府

順州已故土官州同知子英親男子潼該襲奉欽依准

令冠帶就彼到任管事

武定軍民府知府金甸羅羅人前武定府土官總兵安

慈長男法叔妻商勝有夫法叔病故弟三寶奴襲兄職

事亦故爲男年幼商勝襲夫法叔職事洪武二十二年

患病令男海積替職二十六年欽依准襲替在閑海積

於洪武三十五年赴京朝賀病故户無嫡庶兒男正妻

薩周應襲永樂二年六月奉聖旨著他襲欽此故保已

保男弄交妻商智承襲十五年九月奉聖旨是黔國公
每說商智當襲就着他襲做知府欽此故布政司保結
咨呈起送户長夫叔阿寧到部為照本人未經都按二
司體勘擬將本人發回具題正統三年二月奉聖旨既
有布政司并本府官吏人等保結具准他襲還行文書
去覆勘如有不實拏解將來欽此景泰二年正月親姪
矣本襲奉聖旨是欽此故親男金甸天順四年十二月
就彼襲職奉聖旨是欽此故無嗣庶弟阿英告襲二十

三年十一月奉聖旨是欽此故正德十二年三月男鳳
朝明奉聖旨恁每説的是但地方既有災異十一人又
不願改設流官鳳朝明還著他承襲舊職欽此故嘉靖
九年十二月親男鳳詔奉欽依准就彼冠帶故嘉靖十
一年十月奏保鳳朝明妻鳳詔母瞿氏應襲奉聖旨是
這土官知府既該鎮巡等官查議明白瞿氏准照例承
襲欽此
和曲州元謀縣知縣阿吾景東府百夷人原襲土官知

縣洪武十五年投降十六年劄付與流官相兼署管十七年有流官知縣張原禮病故阿吾赴京朝覲二十七年實授元謀縣縣丞當月西平侯奏奉欽依實授知縣故嫡長男吾忠三十五年十二月奉聖旨是他父祖既曾做知縣如今還准他做知縣欽此次日覆奏奉聖旨是還不做世襲以後他不守法度時換了欽此故宣德元年男吾政襲職風疾正統八年六月男吾起於總督尚書處襲職故無嗣天順二年十月弟吾超奏保赴部

查無三司官會奏奉聖旨且准他襲還催三司覆勘應
襲繳結故成化三年六月庶長男吾隆准令就彼冠帶
故庶長男吾大用弘治十四年五月奉聖旨是准他襲
還不世襲欽此故嘉靖九年十二月親男吾至先奉欽
依准令冠帶就彼到任管事
和曲州龍街關巡檢司巡檢李壽童昆明縣人指揮李
觀下頭目洪武十四年隨同本官差使赴京朝覲賞賜
回還二十四年七月節奉太祖皇帝聖旨巡檢布開用

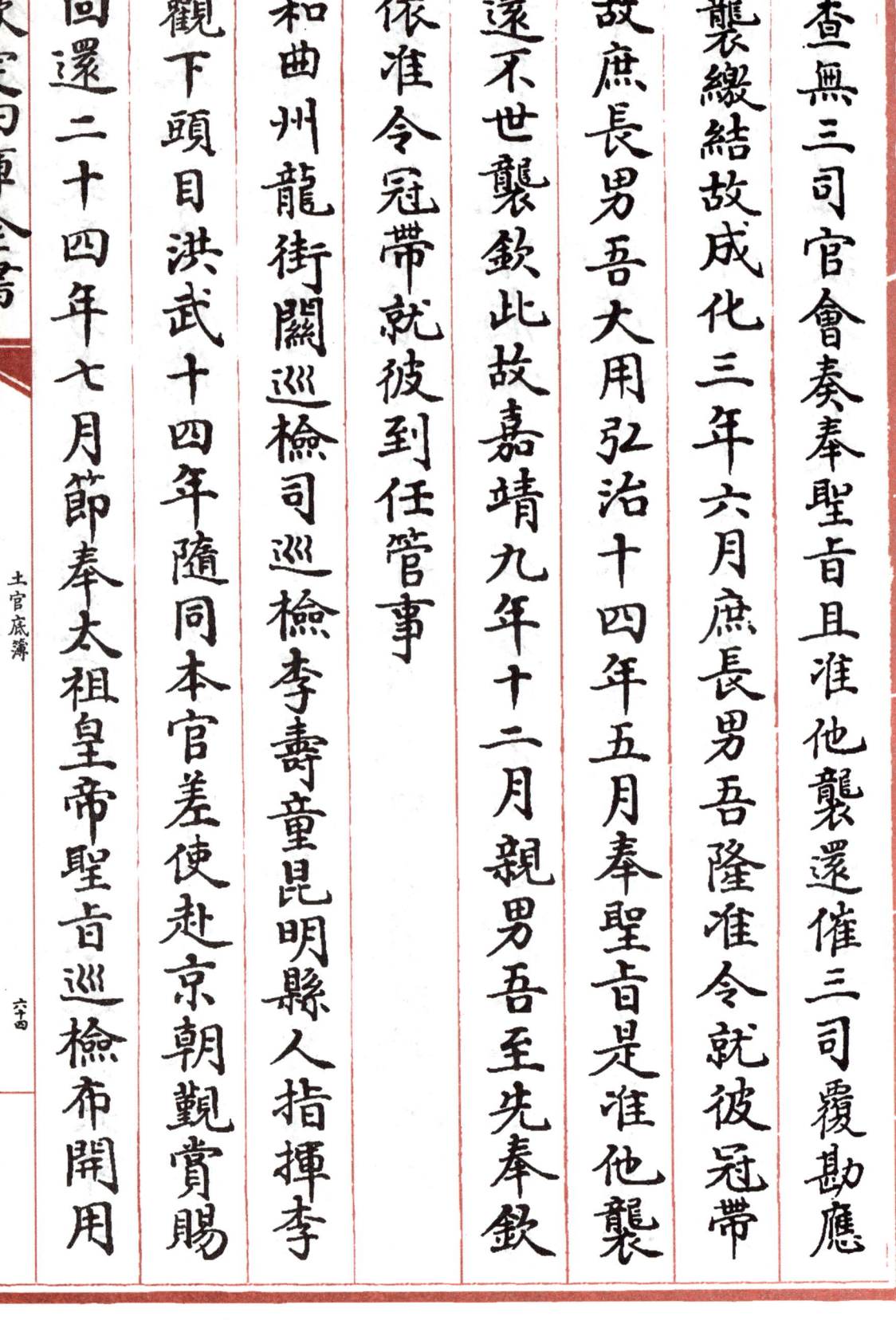

他欽此故長男李忠備馬赴京進貢告襲永樂六年二
月奉令旨著他做巡檢還著流官掌印也不做世襲若
不守法度時換了敬此十九年給由故嫡長男李孟雄
襲職不係世襲宣德元年四月奉聖旨著他做巡檢不
世襲欽此眼病嫡長男李芳查不係世襲本年十二月
奉聖旨著他做巡檢還不世襲欽此老病嫡長男李禄
弘治十二年四月奉聖旨准他替還不世襲欽此故男
李廷秀耳疾未襲故男李森奉例冠帶聽襲

金沙江巡檢司巡檢劉寶山昆明縣民洪武十四年歸
附二十四年總兵官照例闗注武定軍民府和曲州羅
摩詗巡檢司巡檢為因裁革給赴部三十二年七月欽
調金沙巡檢司巡檢故嫡長男劉進忠備馬進貢告襲
洪熙元年閏七月奉聖旨著他做巡檢只不世襲不志
誠時換了欽此故男劉浩成化元年眼疾男劉晶七年
九月題准行令就彼冠帶替職訖
巡檢李安吉奴大理府太和縣人洪武十四年歸附二

十四年欽除武定軍民府和曲州金沙江巡檢司土官
巡檢故男李元通鏡告襲故男李祥先告襲故男李鑑
天順八年襲故嫡長男李傑弘治九年正月奉聖旨准
他襲欽此故男李朝宣聽襲
廣西府知府昂覺廣西府彌勒州人有父普德除授本
府知府洪武二十一年者滿作亂殺死總兵官委覺署
掌府事赴京告襲緣無官吏人等保結宗枝圖本二十
七年正月本部官奏聞西平侯奏俱係正枝葉節該奉

太祖皇帝聖旨與他世襲著襲了欽此故男昂保在任
署事奏襲永樂五年九月奉聖旨著他襲了罷欽此故
男圓通正統六年襲職故無嗣親姪昂宗保送間故該
男自蓬襲亦故成化九年會奏自蓬弟昂貴應襲本年
十二月題准行令就彼冠帶襲職文選司缺冊內查得
成化十七年五月知府昂貴故本年七月改除流官知
府賀勛
彌勒州知州赤喜廣西府彌勒州民洪武十五年總兵

官鈞旨署理州事赤喜充欲龍鄉頭目以後叔普德陞

廣西府知府赤喜係是親房堂姪舉接繼叔普德名缺

署事二十一年赴京五月實授故嫡長親男者克赴京

告襲本年八月襲故男樊習宣德五年八月奉聖旨准

他欽此親叔必者告襲姪樊習職事正統四年八月奉

聖旨既有布政司并本府州官吏人等保結且准他襲

還行文書去覆勘如有不寔拏解來京欽此故男番瓚

正統十一年十二月奉聖旨既有本府州官吏保結准

他襲欽此故嫡長男番普救成化元年十一月題准行
令就彼冠帶承襲未襲故堂弟番普也三司奏襲看僉
事俞澤不行親勘轉委屬官行勘會奏未報文選司缺
冊内查得弘治六年十一月改設流官訖
師宗州同知阿的羅羅人承襲父職洪武十五年歸附
十六年開設衙門二十一年赴京朝覲除本州同知故
無嗣有阿救十六年九月赴京朝覲告襲二十七年二
月蒙欽除同知職事故嫡長男普雙本年十二月赴京

朝賀告襲永樂元年正月欽准襲職故無嗣龍哥係弟
年幼未嘗管事鄉老頭目張文禮等告係普雙妻適蘸
承襲龍哥長成襲職永樂二年六月奉欽准襲職後赴
京告故夫曾祖祖父俱係知州欲陞知州職事部擬不
准永樂七年正月引奉令旨他父親自來朝陞他做知
州只不做世襲還着流官掌印以後有當襲的人仍着
做同知敬此故龍哥長成奉令旨准襲他兄同知的職
事敬此故男瓏達告襲閻故男瓏和尚書王驥准襲故

嫡長男瓏宗聽襲間故男瓏顯成化二十三年七月奉
聖旨瓏顯准照例襲土官同知欽此故嘉靖九年十二
月親姪瓏節奉欽依准令冠帶就彼到任管事
元江軍民府禾摩村巡檢司巡檢李華洪武三十二年
跟隨土官知府那榮征進青娘等處節次有功宣德十
年奏任禾摩村巡檢司土官巡檢故長男李山未襲故
次男李思恭保送總督尚書處准襲正統九年征進麓
川有功陞主簿仍管巡檢司事故庶弟李思義成化十

三年八月題准就彼冠帶承襲故敵長男李圓戎成化
二十年八月奉聖旨李圓戎准襲土官巡檢欽此患病
男李俸正德四年三月奉聖旨李俸准做土官巡檢還
不世襲欽此故男李濟賢見在應襲
廣南府富州知州沈大忠任本州知州收捕生野羅羅
被藥箭射傷右臂又兼脚患風疾備馬令男沈紘經赴
京朝覲告替洪武三十一年六月奉准襲知州故男沈
政告襲間患病正統七年四月男沈善總督尚書處准

襲故嫡長男沈繼祖成化元年十月題准行令沈繼祖
就彼冠帶承襲故絕鎮巡會奏堂兄沈宣承襲弘治六
年閏五月奏聖旨是欽此故男沈貴十三年十月奉聖
旨是准他襲欽此

永寧府知府卜都各吉瀾滄衛西番人先係本州土官
洪武十六年征南將軍劉擬本州知州故男各吉八合
二十九年八月西平侯啟岷府結授冠帶題奏實授備
馬令男卜撒赴京進貢就闕誥命永樂四年四月奏這

知州不曾引如今他的把事通事來請旨奉聖旨那知州先與他誥命却去照勘欽此本月引結節奉聖旨這知州好生志誠肯出氣力他又自來朝見如今陞永寧州做永寧府就陞他做本府知府屬雲南布政司管這知州的誥毁了另寫與他知府的誥命就將西番字譯在誥裏面欽此當奏永寧州陞永寧府合照元江廣西二府事例再除同知通判經歷知事照磨檢校他永寧州原有一箇同知胡本吏目胡成取來别用奉聖旨因

各吉八合有功就陞那胡本做本府同知胡成做經歷
再除一箇知事去其餘的官俱不除着禮部鑄印與他
去欽此老病卜撒告替永樂十二年閏九月引奏准替
十五年各吉八合卜撒被土官千户剌馬非等殺死弟
南八該黔國公沐晟等保襲二十年十二月奏令旨是
敬此故太監總兵羅珪等奏親男阿苴應襲要令就彼
冠帶天順二年六月奉聖旨既羅珪每奏保得阿苴係
南八親男且准他襲還行文書去覆勘將來欽此故庶

男阿綽成化二十一年襲故嫡長男阿貴弘治七年正
月奉聖旨阿貴准襲土官知府欽此故正德十年六月
嫡長男阿揮部查祖來不曾開有世襲字樣奉聖旨阿
揮准承襲管事欽此故嘉靖十九年四月嫡長男阿和
遵照嘉靖十七年詔書就彼承襲奉聖旨阿和准就彼
承襲管事欽此

鎮元府知府刀平百夷人雲南元江府因遠羅必甸長
官司民世襲土官總管專一管集操練洪武二十四年

總兵官奏准開設鎮沅州陞本州知州永樂四年陞鎮沅府刀平陞本府知府年老男刀騰永樂十三年十月奉聖旨着替了欽此老疾正統八年總督王尚書奏勅就彼令嫡長男刀安替職故嫡長男刀昇告襲間故該三司奏保得伊嫡孫刀源應該承襲天順八年十二月奉英宗皇帝聖旨是欽此故長男刀瑛告襲間亦故孫男刀倫保襲弘治十四年正月奉聖旨是欽此

孟艮府知府刀哀永樂三年七月本部同禮部尚書兼

左春坊大學士李志剛等奉聖旨雲南反指土官刀哀
差人来朝貢如今将反指立做孟艮府就着那刀哀做
知府與他紗帽素金帶誥命印信去欽此永樂三年七
月奉聖旨是欽此故男把癍交就於本府管事緣係人
未有冠帶故祖母曩崩送備方物罷皿馬匹金錠差頭
目陶孟賽招板赴京進貢乞請冠帶衣服行該雲南會
奏伊男慶馬棘明白查無譯出緬字結狀繳到景泰四
年八月奉聖旨他是夷人准襲着他囬去撫管夷民仍

催譯出緬字結狀若有虛詐着三司奏來定奪欽此故

成化十七年土舍招禄奏襲着本内既管府事八九年

及父故時縁何不行具告上司勘襲經今年久具結況

未經三司會勘行勘未報

灣甸州知州刀景發孟定人充孟定招剛思倫法取充

灣甸陶孟洪武三十年赴雲南西平侯處回還三十三

年除長官司職事給與冠帶衣服後姪男刀怕顏等赴

京朝覲狀告思倫法在時想着我每與孟地刀名扛木

邦罕的法孟養刀木且都一般做大陶孟想孟定也做
知府木邦孟養也做宣慰司教我刀景發止做長官司
告禮部與我皇帝前奏據告永樂三年四月奏皇帝這
灣甸地方差發比孟定那幾處都少當初他做長官司
衙門也小了如今陞做灣甸州長官刀景發陞做知州
與他金帶副長官曩光陞做同知與他花銀帶都與他
誥勑着禮部鑄印去欽此故男刀景項永樂二十二年
正月襲故男景辦法襲宣德八年十一月奉宣宗皇帝

聖旨景辦法准襲土官知州刀景項職事還行文書去體勘如有不應襲另有定奪欽此故男景隆法正統十一年十二月奉聖旨且准他襲還行文書去與三司官再行會勘明白奏來欽此故男景拙法成化四年十一月題准就彼冠帶故男景都法成化十八年七月奉聖旨景都法着襲土官知州欽此

鎮康州知州大悶法百夷人從麓川宣慰思看法征討有功充招募名目擬管林馬甸寨故男曩博襲職有思

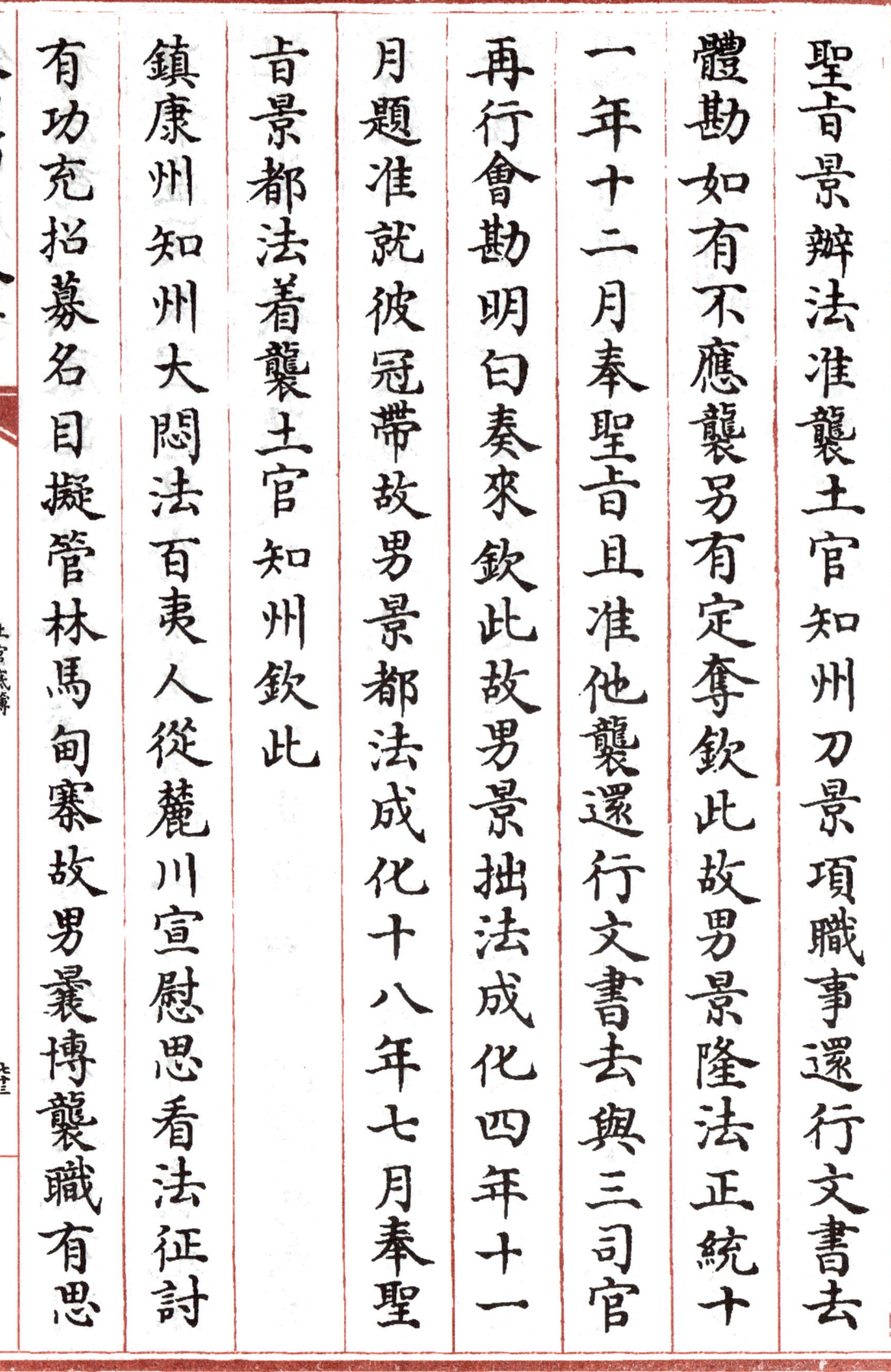

看法爲見鎮康路大着令曩博仍舊管食本處地方因
刀千孟反叛宣慰思倫發差曩博征討取陣亡曩光係
親男襲父職事洪武三十三年開設衙門除灣甸長官
司副長官給與冠帶衣服同長官刀景發到任後刀景
發姪男刀怕額赴京朝見具告永樂三年四月奉聖旨
這灣甸州地方差發比孟定那幾處都少當初定他做
長官司衙門也小了如今陞他灣甸州長官刀景發陞
做知州與他金帶副使長官曩光陞他同知與他花銀

帶都與他誥命禮部鑄印去欽此永樂七年七月欽設
鎮康州將曩光陞任知州故男刀孟廣年方一歲内府
司設監右少監徐光令親弟刀木禨權署永樂十六年
九月傳奉聖旨吏部知道欽此爲無保結本年九月奉
聖旨若是着他借管久後爭只着他兒子襲了罷欽此
故男刀門戛奏要襲職行該會奏刀門戛係刀孟光嫡
長親男應襲成化元年正月准令刀門戛就彼冠帶故
嘉靖九年十二月男刀門中奏欽依准令冠帶就彼到

任管事
威遠州知州刀箕黨孟波人思倫發招魯洪武三十一
年在金齒司歸附先蒙總兵官就令回去到任孟波舊
收管百戶後思倫發又差充刀橫孟替箕黨有兄刀橫
孟生拗不指出官要殺箕黨彼逃性命投景東衛指揮
到雲南總兵官調撥官軍將兄刀橫孟典刑刀箕黨將
原管地界同指揮分定各立界至認辦差發三十四年
開設衙門永樂元年二月實授故男刀慶罕告襲永樂

二十二年三月傳奉聖旨是欽此故保男刀蓋罕宣德
五年六月奉聖旨且准他做還行文書去照勘欽此故
男刀朔罕天順八年十二月襲故長男刀遜罕應襲弘
治元年正月奉聖旨是欽此故弘治十六年十月庶長
男刀寧着令就彼冠帶承襲其該納稻谷習禮仍照見
行事例奉聖旨准他襲欽此故正德十二年三月男刀
能就彼承襲查勘祖來無世襲字樣奉聖旨是刀能准
就彼襲職管事欽此

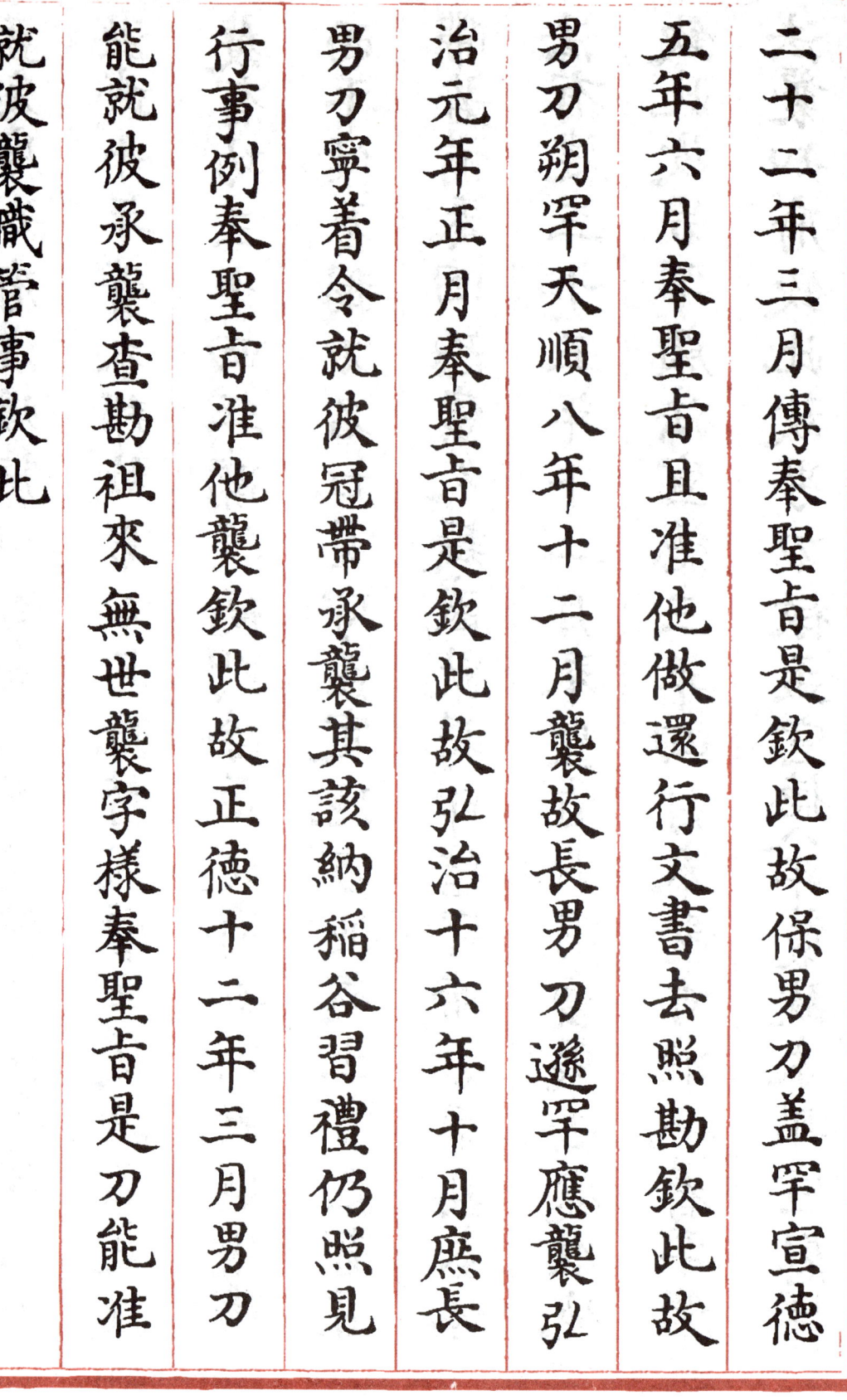

孟定府知府漢嵈麓川百夷人思倫發下招魯管孟定
洪武十年管木邦故男刀名扛替父管軍後調孟定殺
獲有功三十四年開設衙門除孟定府知府就賜冠帶
西平侯奏稱刀名扛見守孟定地方他處土官已有冠
帶若備奏回恐蠻人疑惑就將印信冠帶方纔具奏於
法有違三十五年十二月奉聖旨既有蠻夷去處准他
欽此故男罕顔法宣德三年四月奉聖旨准他着罕顔
法襲知府欽此故男刀禄孟宣德八年襲故木邦宣慰罕

𧬈法次男罕葛法奏稱管辦孟定府差發同父罕𧬈法
各處追殺反人及喚到思任發首級與勘合底簿管來
孟定府本部行准兵部手本查無罕葛法功次亦無給
與底簿管束孟定府差發緣由難便准信成化三年奏
有功次承襲類行鎮巡等官查勘刀祿孟何年月日病
故經今三十餘年因何不行告襲即今有無的親子孫
及勘罕葛法的係何人之子憑何明文管束本官差發
即今應否請給冠帶通行會奏未報

景東府知府俄陶本府民洪武十五年投降將馬疋軍罷并父子前元給授金牌印信納解擬任景東府土知州十七年實授世襲故男陶幹西平侯委令署事三十年五月奉太祖皇帝聖旨不必照勘准他襲了欽此故嫡長孫陶瓚承襲宣德六年六月奉聖旨且准他做還行文書去照勘欽此正統五年殺賊有功陞太中大夫資治少尹仍管府事故長男陶洪成化八年八月奉聖旨是陶洪既會勘明白准他襲職欽此故嘉靖九年十

二月親孫陶炳奉欽依准令冠帶就彼到任管事瀾滄
衛軍民指揮使司北勝州知州高策藝人父高斌祥前
元北勝府土知府洪武十四年歸附十七年除授北勝
府通判未任改北勝州同知三十二年陞北勝州知州
故男高銘永樂五年十月奉聖旨准他襲知州還着他
來朝欽此患病男高昶保送總督尚書處替職正統六
年殺賊有功陞府同知仍管本州事患病男高泰會奏
成化元年十一月准將高泰填註土官府同知仍掌管

北勝州事正德六年布政司等奏稱土舍高聰無碍比
照極邊事例就彼襲替奉武宗皇帝聖旨是欽此故男
高崙嘉靖八年八月題奉聖旨是高崙就令就彼襲職
到任管事欽此
副同知觀音奴雲南蒙古人父章吉帖木兒前北勝州
土官參政洪武十五年歸附總兵官帶至雲南病故十
六年普顏等叛亂總兵復征觀音奴引把事和習等總
兵官劄委權北勝州土官同知十七年西平侯帶同朝

覲十一月欽除北勝州副同知𤺥疾長男觀音海永樂
六年十一月奉令旨着他替了欽此故男章美總督尚
書處照准令冠帶故男章遠能景泰元年襲患病長男
章輔該三司會奏應襲成化二年十二月准行令就彼
冠帶承襲故無嗣奉聖旨是欽此故弘治八年十月長
男章宏奉聖旨章宏准襲副同知欽此故男章鵬見在
襲
判官高亮洪武十六年率領土官接應大軍總兵官劉

任判官十七年赴京朝覲實授未任吉安倈差領民兵

征取石門關被賊礮箭射傷身死男高琳備馬進貢到

京告襲永樂十一年二月奉聖旨准他着襲了欽此故

宣德四年男高瑛奉聖旨准他襲欽此老病成化三年

十二月庶長男高慶題准行令就彼冠帶襲替訖故弟

高廣告襲間於弘治十四年亦故男高琢見在應襲

寧番巡檢司巡檢張名鶴慶軍民府比勝州民充寧永

府把事永樂三年西平倈差做通事招諭到西番剌次

和等甸寨頭目張首男罕思八等同赴京朝見又差同
千户胡文等往西番里陀等處里招頭目藏康卜等爲
因讐殺不曾到彼就於促瓦等處招得頭目招埧等各
令弟姪赴京告乞要陞用節該欽依如今他每既招得
有人來且陞了今後的不准還着招那讐殺未來的頭
目欽此緣數内把事張名别無品級令欽蒙附用合無
陞做巡檢填注雲南都司瀾滄衛軍民指揮使司比勝
州寧番巡檢流官掌印仍送兵部與同胡文還去招諭

永樂五年奉聖旨是欽此

順寧府知府阿曰貢雲南順寧府蒲人本府土知府洪武十九年故本年男猛哀承襲二十一年故次男猛吾襲故二十三年猛丘襲故親弟猛朋三十年西平侯委令接缺辦事本年四月本府具奏欽改土官准他襲職故長男猛瑛永樂十七年六月奉聖旨准他襲欽此故長男猛雄年方八歲不能管事弟猛盎借職宣德七年二月奉聖旨准他借職欽此患病男猛勇正統七年總

督尚書處告襲猛葢土官知府職事故長男猛斌天順
七年五月奉欽依承襲故正德六年十月庶親男猛雍
應查比知府那端就彼冠帶但祖來不曾開有世襲字
樣奉聖旨是准他襲欽此故嘉靖九年十二月親男猛
卿奉欽依准令冠帶就彼到任管事
蒗蕖州知州阿的洪武十六年歸附征南將軍擬充本
州知州故男阿吉暫承曾祖職事辦事二十九年八月
西平侯給與冠帶三十三年實授故嫡長男阿各永樂

十七年二月奉聖旨着他做只不世襲不守法度時換
了欽此故兄阿白係伊親男揔兵官尚書准就彼冠帶
襲職故弟阿奴會奏保查無三司保結景泰四年三月
奉聖旨准他襲還着三司官吏保結來欽此故成化四
年三司會奏長男阿佐承襲本部查照祖父襲職之時
節奉欽依只不世襲於本年十二月奉聖旨准他做還
不世襲欽此故正德元年十二月男阿洪奉聖旨准他
做還不世襲欽此故正德十二年九月布政奏保男阿

鑾承襲祖父襲職奉欽依不世襲奉聖旨既查無礙准

他襲

大候州知州刁奉罕父刁奉偶原係百夷人任大候長

官司長官被孟養招剛射死男刁奉漢即刁奉罕襲任

大候長官司長官宣德三年間具奏要照灣甸鎮康二

州例陞做州本年五月奉聖旨這長官司陞做大候州

刁奉罕就陞本州知州禮部鑄印與他欽此正統四年

二月被麓川賊人刁怕縛等殺死嫡長男奉外法五年

六月奉聖旨准他襲欽此奉外法六年七月被麓川賊
寇虜殺不存弟刀奉送七年正月奉聖旨是着刀奉送
襲知州賜與冠帶禮部便鑄印還寫勅與他欽此雲南
會勘奉外法七年十二月回還與弟奉送法同管地方
奉外法病故長男奉吉利法應襲送部議擬將奉吉利
法准令襲父職奉外法知州回還掌印與知州奉送法
同管州事候奉送法終年子孫不襲天順三年十二月
奉聖旨是欽此患病長男奉安法保襲弘治七年二月

奉聖㫖是欽此故男奉勘故奉勘親男奉禄到部祖來
不曾開有世襲字樣奉聖㫖是奉禄准襲祖職欽此
巡檢阿能更水眼寨蒲人洪武十六年歸附十八年朝
覲除本司巡檢故無兒男親弟阿瑤備馬赴京進貢告
襲永樂七年正月奉令㫖着他做巡檢只不世襲若不
守法度時不着他做欽此故嫡長男阿仲保送永樂十
五年九月奉聖㫖是欽此
干崖宣撫司經歷司經歷廖阿弟先充干崖長官司通

事宣德五年欽蒙冠帶把事正統三年賊子思任發反
叛同男廖瑄與賊對敵開通高良貴路道迎接大軍殺
退蠻賊等四年攻打象頭等寨殺賊斬首解官傷故男
廖瑄仍跟總兵殺敗賊衆六年殺平賊人襲陞巡檢仍
管把事事九年招出賊子思機法等本年十月欽奉勑
諭爾廖瑄為干崖宣撫司經歷就職管事撫恤人民欽
此景泰五年芒市長官刀放革為不軌擒拿解京委廖
瑄署本司印故長男廖讓未襲故絶奏保庶長男廖謙

成化七年十月奉聖旨是欽此正德十年五月布政司
已故土官經歷廖嵩絶嗣弟廖旹應襲查得祖來不曽
開有世襲字樣奉聖旨是准他襲欽此
干崖長官司古剌驛驛丞李從人騰衝土人選充騰衝
征緬招討司通事永樂五年跟隨長官刁思濃赴京保
任古剌驛驛丞年老嫡長男李蠻奴二十二年五月奉
令旨照欽依例着他替只不世襲不守法度時換了欽
此年老男李震襲景泰元年二月靖遠伯王驥奏准將

男李斌替職故天順二年奏保長男李榮承襲查無三
司保結類行查勘無碍就彼冠帶承襲仍行會奏
永平縣縣丞馬鎖飛雲南金齒軍民指揮使司永平縣
回回人由本縣通事洪武十二年歸附擬授本縣土官
縣丞故長男馬哈新備馬赴京朝覲永樂元年五月奉
聖旨還着他做縣丞依舊不與世襲不守法度時換了
欽此當奏本人父服制未終奉聖旨着他回去等服滿
時就在那裏到任管事欽此老疾男馬驤宣德元年七

月奉宣宗皇帝聖旨也照尹宣例且准他襲還行文書
去覆勘如有虛詐就着總兵官黔國公斧解來京欽此
患眼疾男馬震正統十一年十二月奉聖旨既土人與
他襲欽此故男馬諒孫馬全相繼亦故曽孫馬鳳正德
五年十月奉聖旨是馬鳳准襲土官縣丞還不世襲欽
此故男馬秉忠見在聽襲
打牛坪廵檢司廵檢蒙羅白本縣羅羅人前代土官千
户洪武十六年歸附總兵官擬充打牛坪驛丞後改前

職十七年實授故男蒙禮備馬進貢告襲永樂三年五

月奉聖旨着他做巡檢封印止終本身若不志誠不守

法度時不要他做那裏還除流官巡去掌印故男蒙黒

宣德五年十月奉聖旨准他襲也止終本身欽此調除

甸頭巡檢司故嫡長男蒙溪會奏應替查照伊祖告襲

節奉欽依止終本身成化四年十月奉聖旨准他做巡

檢不世襲欽此

打牛坪驛驛丞楊陵金齒軍民指揮使司永平縣民洪

武十六年拜見總兵官擬充本驛驛丞十七年實授故
男楊海溺死不曾告襲楊純嫡長孫男備馬赴京進貢
告襲永樂六年五月奉聖旨除他做驛丞還不做世襲
流官掌印他以後不志誠時換了欽此故楊奴殘疾男
楊節不係世襲難准正統六年三月奉聖旨既土官人
着他襲還行文書去覆勘若有虛詐拏解将來欽此故
嘉靖九年十二月親曾孫楊廷弼奉欽依准令就彼冠
帶

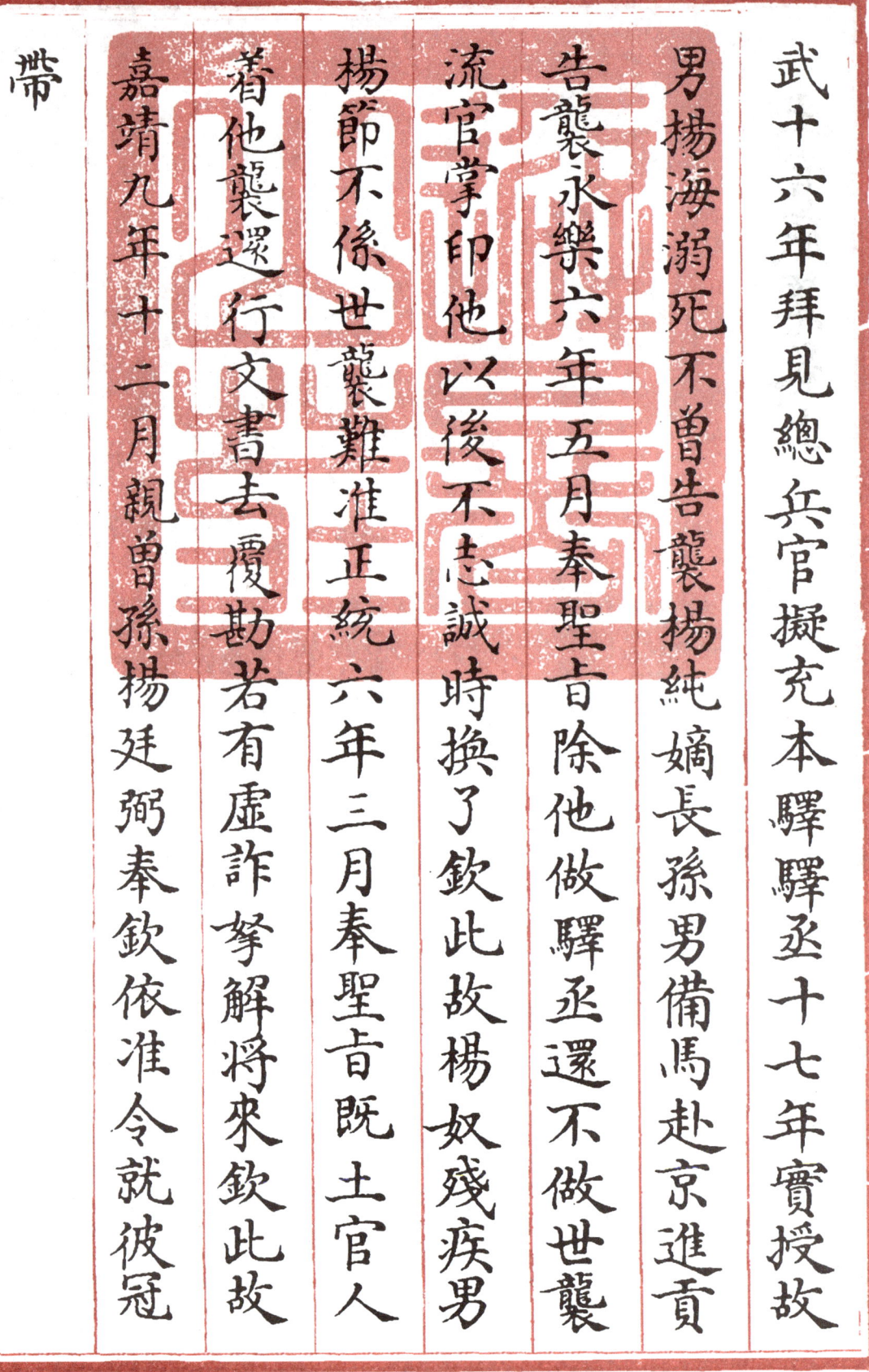

土官底簿卷上

欽定四庫全書

土官底簿卷下

雲南

永平驛驛丞李宗本縣馬站戶前元萬戶洪武十六年

同土官楊陵等歸附總兵官擬充永平驛驛丞十七年

賫授故無子嫡長親姪李定備馬赴京進貢告襲永樂

三年十二月奉聖旨著他去永平驛做驛丞只不世襲

他若不志誠犯了法度時拏來問別著人做欽此當奏

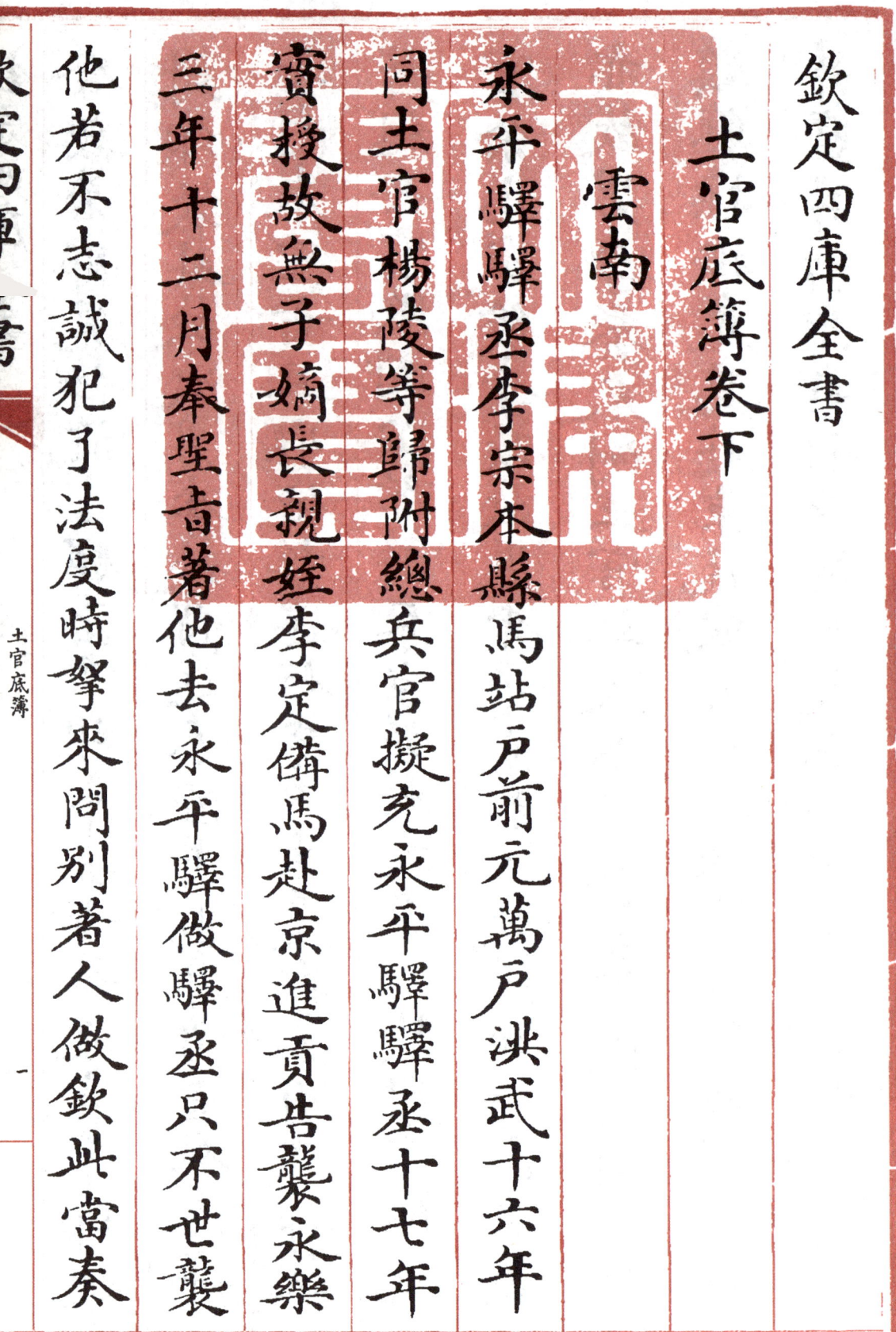

合無著那見任流官驛丞掌印奉聖旨著流官掌印他
封印欽此故次男李政保送未經覆勘難准宣德九年
七月奉聖旨且准他襲還行文書去覆勘如有虛詐就
著總兵官黔國公箏解來京欽此文選司缺册内除流
官余志斌後李政故男李昂來襲亦故男李仲高來襲
亦故男李鑾奉例土官年久未曾承襲就彼勘明通呈
鎮總撫按免其赴京就彼襲替相無流官管理驛事山
井鹽井鹽課司副使楊堅大理鄧川州浪穹縣民洪武

十六年總兵官劄充本司土官副使十七年實授三十
三年裁革調除廣南府花架驛驛丞未仕丁母憂起復
永樂元年仍除山井鹽井鹽課司副使故正統元年男
楊生奏襲參係伊父故後十年之上方纔奏襲又不經
由上司保勘行勘未報順盪鹽井鹽課司副使楊生大
理府浪穹縣竈户洪武十五年歸附總兵官擬充本司
副使十七年實授二十八年被賊殺死男楊星勇三十
一年赴京告襲三十二年襲後布政司起送自備馬匹

赴京進貢查參不係洪武年間定奪合革去冠帶三十
五年十二月奉聖旨雖查得他每父不係世襲土官已
前歸附時曾用他每既亡故了如今他每的男不去他
冠帶只著他每自來見了定奪欽此楊星勇見到永樂
元年十二月奉聖旨著楊星勇做副使不做世襲若不
守法度時換了欽此十五年為事禁故次男楊忠伊父
係不守法度人數將楊忠引奏發回為民訖續該保送
楊星勇孫男楊春宣德六年三月十七日奉聖旨准他

做不世襲不守法度時換了欽此故成化四年十二月
長男楊暹奉聖旨做副使還不世襲欽此故男楊琳故
絕姪楊永鶴見在聽襲麗江軍民府知府本得通州白
沙村軍洪武十六年總兵官劄充本府副千夫長管領
土軍十七年實授副千夫長無千戶故二十四年總兵
官令男木初接缺辦事本年准襲改除麗江府土官知
府三十年改麗江軍民府故男木森襲故男木嶔正統
七年在彼襲職病嫡長男木泰應襲成化二十三年九

月奉聖旨是欽此故弘治十六年嫡長男木定相應承
襲其該納稻穀照見行事例施行故男木公奉例就彼
承襲奉聖旨是木定准襲土官知府欽此本府照磨木
目本府知府木初次男征進麓川有功正統六年靖遠
伯王驥陞授前職老疾男木他赴部替職為無官結景
泰三年七月奉聖旨既是土官准他襲仍催三司當該
官吏保結前來如有虛詐不饒欽此故男木苴刺故絶
文選司鈌册内查得成化十二年九月二十四日除流

官蕭昇通安州同知高清鶴慶府土居僰人前元本府
義軍萬户洪武十五年投附征進有功十六年總兵官
擬劄本州同知當年赴京朝覲十七年二月奉聖旨同
知高清與實授欽此永樂十四年目疾十五年男高才
奉太宗皇帝聖旨准他替欽此故男高生患病未襲正
統七年男高生赴靖遠伯處照例襲職故男高長為無
官結景泰三年七月奉聖旨既是土官准他襲仍催三
司當該官吏保結前來如有虚詐不饒欽此故成化二

年四月會奏長男高祿准令就被冠帶承襲故嫡長男
高壽弘治九年閏三月奉聖旨准他襲欽此故嘉靖十
三年會奏男高鵬承襲看得父祖授官承襲俱不曾開
有世襲字樣奉聖旨准他做還世襲欽此石門關巡檢
司巡檢阿吉麗江府通安州軍籍洪武十六年歸附總
兵官擬任和場巡檢十七年實授石門關巡檢故男阿
俗備馬赴京進貢告襲洪熙元年十一月奉聖旨著他
做巡檢還不世襲不守法度時換了欽此故男阿牙襲

職為無官結景泰三年七月奉聖旨准襲廵檢仍催三
司當該官吏保結前來如有虛詐不饒欽此故男阿愍
成化十六年奏襲部查年久三司不行會奏行勘未報
文選司缺冊內查得成化九年除流官李雋巨津州同
知阿戢本州人洪武十六年總兵官擬充本州同知十
七年實授故次男阿容目永樂二十二年五月奉令旨
照欽依例著他做只不世襲不守法度時換了敬此蘭
州知州羅克本州民洪武十六年拜見總兵官擬任本

州知州十七年實授患病長男羅牙永樂七年五月二
十七日奉令旨准他替職還行文書去等有流官到任
著他來見敬此故正統七年男羅熙總督尚書處冠帶
故成化十七年第三男羅文忠准行令就彼冠帶故男
羅世爵任故絕堂弟羅世禄承襲閒亦故男羅福堅見
令告襲實山州知州和耐本州人前元任本州知州洪
武十五年本州係邊境西番俱係生拗麼些蠻如他出
官勸諭人民認納糧差本府前故土官知府木得委充

火頭三十二年見任土官知府木森舉保襲任知州西
平侯暫令管事後准任知州患病男阿日赴京朝賀永
樂四年正月奉聖旨先著他替做知州還去照勘他父
病的緣故欽此騰衝驛驛丞李仲和金齒司諸葛營土
人洪武三十三年編作土軍遞充龍川江百夫長管賽
下總甲永樂五年欽除前職給與冠帶印記回還年老
男李壽齡永樂十六年欽准襲職洪熙元年復姓楊壽
齡景泰元年靖遠伯奏准將姪楊銳替職故嫡男楊洪

告替查無楊洪告襲原行欲將本人發回覆勘為照騰
衝地方極邊題准將楊洪暫襲職事冠帶回還不許到
任管事行三司會奏覆勘是實成化三年題准行令楊
洪就彼到任管事故男楊鄉眼疾未襲亦故男楊瑞見
在聽襲元江軍民府知府那直百夷人元江府因遠羅
必甸長官司籍前元江府土官總管洪武十五年齎金
牌文憑象馬歸附擬土官十六年赴京朝覲實除故男
那榮二十年實授知府為惡逆事擒拏赴京庶弟刀部

永樂十二年正月奏准襲本年三月保送嫡次弟那邦
照勘永樂十三年十二月奉欽依那邦既是嫡孫著他
襲了便著回去管事庶孫刀部且著在這裏聽候欽此
宣德元年姪那中襲職景泰元年男那瑞替故嫡長男
那禎保奏就彼冠帶天順三年十月奉聖旨是欽此故
叔那璲成化十九年十二月奉聖旨那璲准襲土官知
府欽此故嫡長孫那靖弘治十五年四月奉聖旨那靖
准襲土官知府欽此故絶親弟那端正德二年奉聖旨

是那端准襲元江軍民土官知府就彼冠帶欽此故嘉
靖九年十二月親男那欽奉欽依准令冠帶就彼到任
管事故弟那鈺見護管本府印事欽男那憲見在應襲
隴川宣撫司夏賴驛署驛事土官巡檢姜海騰衝守禦
千户所土軍小旗通曉夷語差跟內官郭福保等作通
事往麓川給賜回還自備馬匹赴京本官奏保宣德八
年九月欽除夏賴驛土官驛丞正統六年靖遠伯選跟
都指揮苗貴領軍首先過渡上江攻破反賊刀招漢賊

寨殺敗賊衆報功正統七年又齎榜文前往孟撒等處
撫諭賊子思機法信服備馬象等物進貢正統八年正
月欽陞土官巡檢仍管驛事老疾男姜昇正統十三年
靖遠伯准令替職故嫡長男姜謹未襲故絶次男姜昂
未襲亦故弘治十三年男姜誠布政司奏保題奉聖旨
是欽此晉寧州晉寧驛驛丞陸安正統七年殺賊有功
冠帶通事十年南車里軍民宣慰司宣慰使刀思弄發
奏稱總兵官沐昂差冠帶通事陸安生擒賊寇阿哀要

乞量陞奏奉聖旨陸安除做驛丞仍辦通事著好生撫
諭夷人出力報効欽此塡註雲南府晉寧驛土官驛丞
仍辦通事事十四年總兵官沐昂奏陸安有功要將在
驛管事本部題奉聖旨准他欽此塡註晉寧驛驛丞協
同流官辦事故嫡長男陸琪保襲天順八年十月奏聖
旨是欽此故嘉靖九年十二月親孫陸琳奉欽依准令
冠帶就彼到任管事故男陸義保襲閣故男陸貴聽襲
行查吏山巡檢司巡檢龍政東人寨冠帶火頭係和泥

人年力精壯通曉夷情會奏堪任更山巡檢成化十八
年六月兵部題奉聖旨是欽此移咨到部既該兵部題
准別無定奪當將龍政填註更山巡檢司巡檢鶴慶軍
民府知府高隆本府民授本路總管洪武十五年歸附
起取赴京病故賊人反叛大軍復征男高仲將引把事
人民歸附十六年總兵官擬任土官同知十七年實授
故男高興本年十一月襲職赴京朝賀者民楊賢等保
結本官陞任知府本部議擬不准永樂元年正月奉聖

旨他首先來朝又有人保他陞做知府只不做世襲欽
此故無兒男親弟高寶保結備馬赴京進貢告襲十八
年九月奉聖旨准他襲欽此故男高倫告襲有高興妻
段氏又奏要將女高觀音圓爭襲本部為查高倫先已
保勘明白議擬具題宣德七年四月奉聖旨是高倫准
襲欽此正統六年閏十一月准福建道手本知府高倫
為久讐陷害謀官等事本年十一月二十四日奏過依
斬罪決了正統七年節奉欽依令三司委的當官體察

彼中人情詢訪高倫族中如有夷民信服才堪任用之人起
送來京量授以職協同流官管事庶幾經久可行欽此
該三司議得高倫族中雖有各支子孫俱係爲惡不良
之人别無堪舉親族若令本族爲官不惟夷民受害合
將本府知府員缺銷除户下人口收籍當差止令流官
管事正統八年十月奉聖旨是欽此尋旬軍民府知府
安晟會祖母沙姑本府民前曲靖宣慰司土官宣慰阿
朝嫡女壬子年三月内嫁與前仁德府土官安陽爲正

妻安陽洪武十六年赴京朝覲蒙實授尋甸軍民府知府回到巳束縣病故母沙琛襲故把事金沙等保沙姑係故土官安陽正妻該襲二十六年七月奉太祖皇帝聖旨准襲欽此故男長阿寮先故男婦沙觀保送三十五年十二月奉聖旨准他襲做知府欽此故男弄草鬼正妻沙仲襲職正統四年奏奉聖旨既有委官并親族人等保結及保勘應襲職准他襲還行文書去著三司覆勘若有虛詐不實奏來定奪欽此故三司保送伊男

安定赴部為因安辛爭襲奏准發回保勘景泰五年男
安晟就彼襲職故成化九年要保安榮承襲緣無三司
會奏類行雲南保勘安晟果否借職安榮安宣是否安
定安晟親男前項土官知府應該何人承襲行勘明白
定應襲一人成化十二年巡按御史奏稱知府安晟病
故長安宣被伊叔安倘并安晟妻沙遷等謀殺本舍並
無應襲兒男止有安倘男安勒亦係極刑難以承襲成
化十三年改流官知府李祥丁憂成化十七年除知府

屈伸致仕成化二十一年除知府謝紹到任管事成化
二十二年沙古等來京奏擾發回土官衙門鈐束不許
再來奏擾題奉聖旨是欽此禾摩村廵檢司廵檢王暘
雲南都司雲南中衛土軍告欲照赤水鵬廵檢司廵檢
馬速魯麻例除授永樂二十二年五月奉令旨照欽依
例著做廵檢多注去還打差使敬此文選司缺册内開
正統三年七月事簡衙門官員革去冠帶為民潞江驛
驛丞周阿山金齒千户所土軍洪武三十五年通事長

官曩必保授本驛驛丞永樂六年五月欽除前職故男
周禮二十二年五月奉令旨照欽依例著他做只不世
襲不守法度將換了敬此正統三年該三司會同總兵
官木晟照依減省事例裁革本年六月十九日題准裁
革訖金齒軍民指揮使司水眼巡檢司巡檢蘇志仁雲
南府昆明縣指揮李觀下頭目前樞密院鎮撫洪武十
四年歸附隨同觀右丞跟大軍征進蒙總官留金齒辦
事十五年三月十三日除授前職甸頭巡檢司巡檢阿

張蒲人氏雲南永昌府甸頭防送火頭洪武十六年總
兵官劄充雲南永昌府永昌甸頭廵檢司廵檢十七年
實授二十三年改設金齒軍民指揮使司管屬故男莽
蒙永樂十五年九月奉欽依襲職正統三年會奏減省
事例裁革本年六月題准裁革故男莽弄正統八年奉
例承襲故男莽俊未襲亦故次男莽真見在聽襲南甸
州知州刀貢蠻百夷人有祖父刀貢孟先蒙宣慰思倫
發委充南甸招魯洪武三十二年遷充百夫長三十四

年給賜冠帯故刀貢蠻襲南甸百夫長永樂五年備方
物馬匹進貢欽陞騰衝千戶所千戶夫長無試千戶具
告要照灣甸州知州刀景發例另立衙門自當百夷兒
女安業當差永樂二十年奉聖旨准他欽此本年正月
奉聖旨是做南甸州欽此故男刀貢罕洪熙元年四月
奉聖旨著他襲了欽此羅卜思庄驛驛丞尹成原任驛
丞趙義騰衝土人先充蘢川宣慰思倫發下南甸招已
洪武三十三年開設騰衝守禦千戶所委令暫管南甸

驛事永樂五年除授羅卜思庄驛丞考滿給由赴部病
故男趙愷赴京告襲不曉漢語發回為民南甸州土官
知州刀貢罕奏稱騰衝千户所土人總甲尹成諳曉漢
夷事體保任本驛驛丞查得本驛見有流官管事難准
洪熙元年四月奉仁宗皇帝聖旨是不准欽此本官又
奏難准已行起程本年七月奉聖旨着他再來定奪欽
此續本官又奏保尹成送部宣德五年六月奉聖旨准
他做驛丞只不世襲也不為例欽此正統三年照例減

省事例裁革本年六月題准裁革孟哈驛驛丞張保金
齒人先年宣慰恩發委騰衝緬箐村招附總甲三十四
年設立孟哈驛委管驛事有百夫長襲用奏保永樂十
一年奉聖旨准他開設張保做驛丞鑄與印信欽此故
次男張文貴保送洪熙元年四月奉聖旨准他做欽此
正統三年照依減省事例裁革本年六月題准裁革煉
象關巡檢司巡檢王四昆明縣民洪武二十六年總兵
官差令伴送緬人到于緬地招諭緬人納速剌等差送

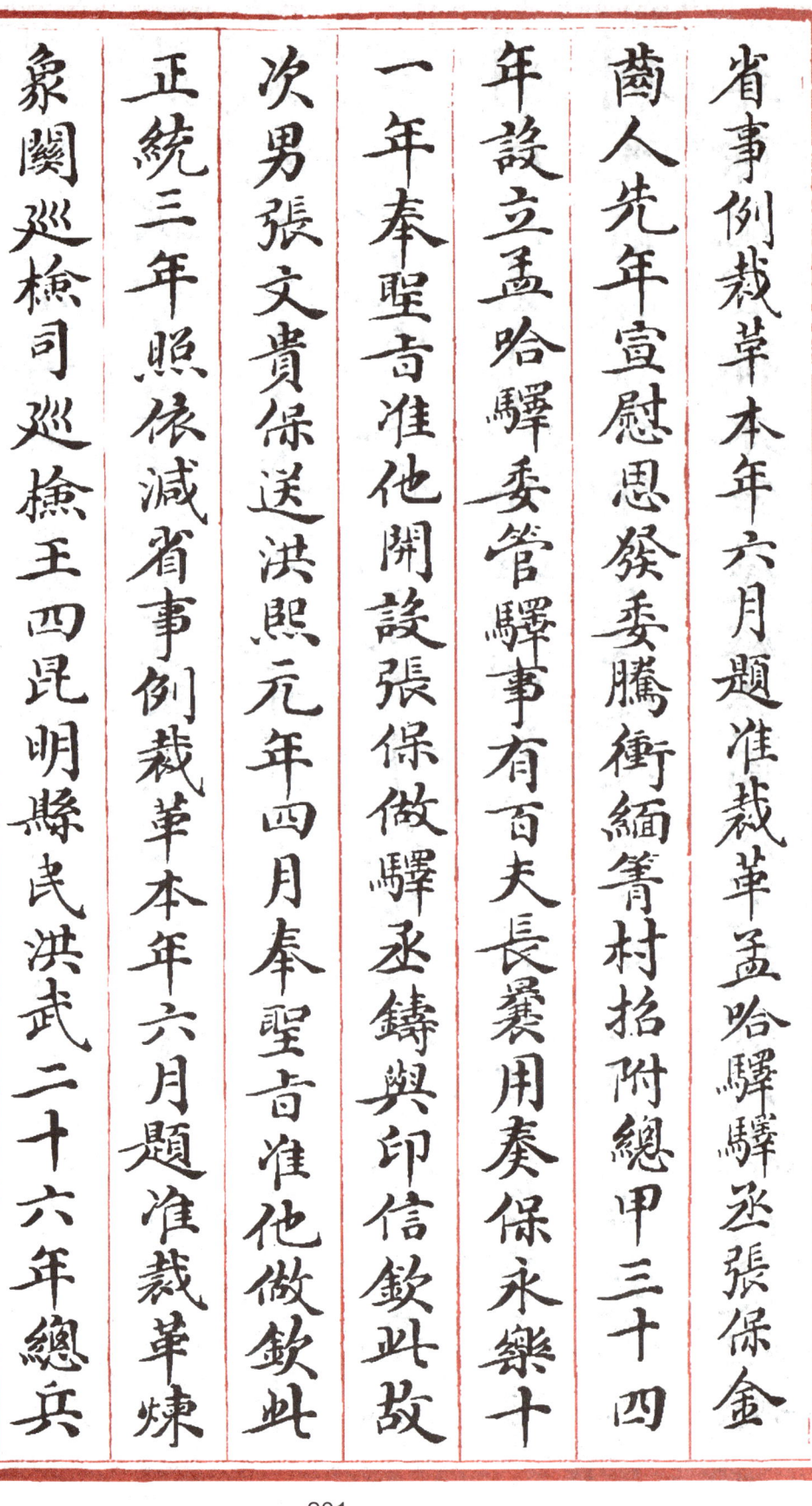

赴京當年除羅次縣煉象關巡檢司巡檢故長男王源
備馬赴京進貢告襲永樂十一年二月奉聖旨准他著
襲了欽此故弘治四年等孫男王志劉奏襲看得祖王
源故後五十六年方繞承襲不准文選司開弘治四年
三月除流官巡檢祝慶管事楚場巡檢司巡檢納察本
州民洪武十六年與知州段保前去大理投降總兵官
劉充前職十七年實授故文選司缺册内查得成化八
年除流官孫永寧楚雄府同知高政㸐人本府楚雄縣

民由前元祖父授威楚開南等路軍民總管洪武十五
年歸附十六年總兵官擬任本府同知十七年實授故
並無子姪族人高納的斤係正妻應襲夫職永樂元年
正月奉聖旨還著高納的斤做同知欽此布政司咨呈
備屬申據耆民陳子安等告稱高納的斤承襲夫職以
來人民皆聽所言石糧有增添知夷民厚薄本府別無
除授知府如蒙將高納的斤照依鶴慶軍民府土官高
興一體陞除本府知府及高納的斤備馬赴京朝覲到

部為因首先來朝本部議擬不准永樂七年正月奉令
旨是他又親自來朝陞他做知府只不世襲還著流官
掌印以後有當襲的人仍著做同知欽此故無子庶長
女高冬梅宣德五年六月奉聖旨照依仁宗皇帝聖旨
還著做同知欽此正統元年三月奏女土官高冬梅故
絶乞流官管事本年十一月題准改除流官澂江府路
南州知州秦晉本州羅羅人洪武十五年歸附總兵官
擬充本州土官十七年赴京朝覲除本州同知三十五

年赴京朝賀本州里老告保永樂元年正月欽陞知州
故長男秦祿永樂七年八月奉令旨准他襲職欽此故
長男秦福宣德七年本部秦普陞授知州奉太宗皇帝
聖旨只不做世襲人數題奉聖旨他土人准他襲欽此
故無子止生三女據布政司咨稱秦福次女元真無過
性純識字夷民信服該襲天順六年十一月奉聖旨是
欽此故成化十三年都御史王恕奏女官元真病故戶
內别無應襲之人要改流官本年十月除流官知州李

弃管事易龍驛驛丞阿索雲南尋甸軍民府站充本府
把事洪武十六年總兵官委任驛丞十七年實授老病
長男阿尚備馬赴京進貢告襲永樂三年正月奉聖旨
他父既老病故了著他做不為例若不守法度時換了
欽此故文選司缺册内查得成化四年十月除流官周
璉正德七年六月本部題據布政司結勘土官驛丞奄
受故庶長男奄戚病疾親姪奄成應襲前來省令聽候
就彼冠帶奏奉聖旨是准他襲欽此維摩州知州波得

高祖父沙濟原係知州至伯父者索相繼管事洪武十
四年故除授流官管事伯兄曰苴亦故姪祿舊亦故波
得係親叔告襲三十二年十一月准襲知州故男名海
年幼遣樂係波得正妻暫署州事咨部永樂四年五月
奉聖旨著遣樂做知州等他兒子大時替他欽此故絶
房叔者白應襲行勘病故別無定奪文選缺册内查得
弘治六年改設流官七年除流官知州王瑞新化州摩
沙勒巡檢司巡檢普遠馬龍他郎甸長官司民宣德年

闇招撫流民殺賊有功正統十年鎮守太監保任摩沙
勒巡檢司土官巡檢奉聖旨准他冠帶到任管事欽此
嘉靖十五年雲南布政使司將普遠姪孫普仲義結送
查明本年閏十二月奉聖旨是欽此

廣西

田州府知府岑伯顏即岑闇由世襲土官洪武元年齎
前朝印信率衆歸附復職洪武二十年授田州府知府
長男岑永通授上隆州知州洪武二十六年岑堅故欽

准承襲患病長男岑祥備方物馬匹赴京朝覲告替永
樂三年十二月奉聖旨准他替職欽此為事在堅病故
正妻李氏無子本府奏庶長男岑徽年三歲告係本官
岑永寧借職永樂十七年四月奉太宗皇帝聖旨不准
只著他兒子做欽此行令岑徽管事被岑永寧毒死奏
提庶次弟岑紹年一十一歲不曾前來令暫署府事候
十五以上起送除授洪熙元年閏七月奉聖旨是欽此
宣德三年六月該廣西巡按御史奏題奉聖旨他每既

體勘明白着岑紹做田州府知府欽此總兵武毅保男
岑鏞景泰二年三月奉聖㫖既武毅每計議停當准他
替欽此後岑紹病故岑鏞嫡長兄岑鑑不忿興兵趕逐
岑鏞於廣西城内占據衙門該會勘得岑鏞係妾子比
先伊父溺愛妾保攙越替職岑鑑係嫡長男應合改正
襲授知府景泰四年六月准就彼襲職岑鏞仍令冠帶
跟總兵聽調不管府事岑鑑故無嗣岑鏞承襲後故男
岑溥成化十一年十一月題准就彼冠帶到任管事弘

治九年庶長男岑猇謀殺父岑溥砍傷庶弟岑獅後岑
猇懼罪自刎身死奏保岑溥嫡男岑猛弘治十一年五
月奉聖旨是准他襲欽此弘治十八年該兩廣都御史
潘蕃等勘得岑猛構成大禍失陷府治要將岑猛降為
同知本府改設流官知府奏行兵部會議將岑猛降為
世襲正千戶發福建沿海平海衛左所帶俸改設流官
知府謝湖管理府事正德三年九月都察院等衙門會
同府部等官會議奏奉聖旨是岑猛本當重治但先世

多有功蹟著做本府同知掌印管事待後殺賊有功奏來定奪欽此嘉靖二年岑猛叛逆誅勦改田寧府設流官後盧蘇王受二頭目不靖仍降為田州男邦相為判官思明府上思州知州黄宗榮江州土官藉歘洪武二年九月内給降印信開設衙門為因土官黄英傑作耗殘民無土民撫恤申奉本府委領江州致仕土官黄威慶次男黄中榮護印署理州事三十三年二月除同知後有本州土官陳用等弁思明府土官知府黄廣成赴

京告保黄中榮陞知州永樂元年正月奉欽依既是知府與土民保他他又首先來朝陞做知州只不做世襲若不守法度時換了欽此病親男黄智永告替十一年二月奉聖旨准他替欽此正統九年故男黄瑛襲職景泰四年六月奏准就彼冠帶上林縣知縣黄自誠本縣世襲土官知縣父黄京前元病故自誠年幼缺官委令叔黄廓署事後自誠習練老成洪武十年實授襲職二十八年患病男黄篙告替三十二年准襲故男黄慶永

欒十六年正月奉聖旨准他襲欽此故男黄澄署印故
總兵官等照勅事理將次男黄濟勘明准令就彼冠帶
承襲天順三年七月奉聖旨是欽此故男黄瓊成化十
三年題准就彼冠帶到任管事果化州知州趙永全本
州籍洪武二年授知州故男趙榮宗二十六年襲永樂
四年隨兵征進被藥箭傷不能行動男趙英永樂七年
八月奉令旨准他襲職敬此趙英被賊藥弩箭射傷不
能管事男趙勉告替緣未經二司覆勘正統元年十一

月奉聖旨廣西路途窵遠既經布政司審勘且准他替
還行文書去著都按二司覆勘如果不實具奏定奪欽
此患箭傷疾不能任事男趙騰聰調殺賊三司會奏成
化二年正月題准行令已冠帶未襲職趙騰照舊跟隨
軍前殺賊候事寧之日到任管事故弟趙勝十三年二
月題准就彼冠帶到任管事歸德州知州黄勝聰本州
在城籍有兄知州黄安丁未年病故男黄碧年方一歲
勝聰接襲洪武二年實授知州十三年將印信交與黄

勝妻岑氏收管棄職弟黄勝全掌署州事十九年自願
遜職與祖父黄碧承襲二十年實授知州故男黄高永
樂二年三月奉聖旨那黄高既是府州都保結明白就
准他襲了知州欽此故男黄守景泰四年正月奏准就
彼冠帶管事故男黄通成化十三年四月奉聖旨是黄
通准襲依父原職欽此篤疾要將男黄克顯告襲查勘
正德四年勘得黄通委成篤疾黄克顯病故止有男黄
文正年方五歲除行守巡等官查勘應否承襲另行回

報按俟恩恩軍民府知府岑永昌原係恩恩州在城籍
係本府土官知府岑堅第三男前元有兄岑永泰隨父
岑堅同詣軍前納欵洪武二年頒降恩恩州印信與兄
岑永泰任知州故無兒男岑永昌係親弟告襲除故兄
知州職事永樂四年患病次男岑瓛告替七年五月奉
令旨准他替做知州便與冠帶敬此故絕十八年弟岑
瑛襲職殺賊有功正統三年陞田州知府仍掌恩恩州
事四年改為恩恩府岑瑛就授本府知府殺賊有功陞

亞中大夫十二年復改為思恩軍民府岑瑛仍任前職
殺賊有功即陞正議大夫天順元年七月奉聖旨岑瑛
既歷練老成累有軍功不為例改陞都指揮同知仍聽
總兵鎮守官調用還寫勑與他知道欽此故岑鏞襲職
故該總兵官等照勑事理將弟岑瑫勘明准令就彼承
襲管事天順三年七月奉聖旨是欽此故庶長男岑璿
預先冠帶協同管事待出幼授職成化十五年布政司
造來土官册内開有岑瑫第三妾黄氏生男岑璿年方

三歲至成化二十一年扣年九歲題奉欽依岑璿准冠
帶協同管事欽此弘治七年岀幼襲職本月奉聖旨是
欽此向武州知州黃世或田州府富勞縣民洪武二年
除本縣知縣二十八年因見黃世鉄任向武州知州與
鎮安府争占地方大軍征勦彼時世或懼怕帶印信逃
往泗城州潛住三十二年總兵官招回仍原管地方有
向武富勞等州縣頭目黃五等告保除任向武州土官
帶管富勞縣事三十五年十一月奉聖旨已前太宗皇

帝時有罪的人便罷了饒了便是好人似這幾箇土官
他每自知過出來認納糧差又撫安得土人好合當便
著實用他欽此故男黃嗣謙永樂十三年八月奏准襲
故絕姪黃宗蔭襲任奉議州知州本部奏准帶管本州
故男黃文昶襲向武州知州景泰四年六月奏准就彼
冠帶故男黃文顯襲故絕奏保黃文昶姪男黃瑛應襲
成化十五年八月奉聖旨是欽此流官吏目潘岳奏稱
户絕弘治四年十二月内查勘未報都康州知州馮大

英前元任本州知州故男馮德高襲職撫鎮邊萬户故
男馮原保襲職洪武元年被富勞縣土官黄世威等趕
殺占管本州奔投鎮安府藏住病故馮進福係馮原保
嫡長親男一向流落鎮安府不能出官後大軍勦捕開
設奉議軍民衛所衙門蒙總兵官招回仍守原管地方
就蒙具奏署事三十五年十一月奉聖旨已前太祖皇
帝時有罪的人便罷了饒了的便是好人是這幾箇土
官他每既自知過出來認納糧差又撫得土人好合當

便著實用他欽此故長男馮斌永樂九年閏十二月奉

聖旨著他襲欽此故長男馮智洪正統元年三月奉聖

旨廣西路遠且准他襲還行文書著三司體覆如果不

實就拏解來京欽此故總兵等官照勑事理將男馮哲

勘明准令就彼承襲天順三年七月奉聖旨是欽此故

絕堂弟馮晧成化十三年七月題准就彼襲職江州知

州黃威慶係本州土官知州長男黃中立洪武二十二

年替永樂四年征進失陷頭目陸鄢安等保男黃智賢

襲本年七月奉聖旨知州的有男著吏部准他襲職欽
此十一月被頭目殺死次男黄智斌十五年八月奉聖
旨是准他襲欽此故堂姪黄能政到部議題正統二年
九月奉聖旨既有廣西三司當該官吏委官人等保結
宗圖起送黄能政到官准他襲職回去仍再體勘若有
不實仍再體勘另行定奪欽此故無嗣庶弟黄能廣景
泰四年六月奏准就彼冠帶患疾男黄海成化二年正
月題准就彼襲職照舊軍前殺賊事寧之日到任管事

羅白縣知縣梁原泰洪武元年欵附三年授本縣土官
知縣五年征進被傷二十三年嫡男梁敬斌替職故無
子親弟梁敬宣告襲謀殺本州知州黄智斌重刑監候
梁永現的係已故土官知縣梁敬斌嫡子應襲連人送
部宣德十年十二月奉聖旨梁永現既有各該官吏保
結明白便著他襲故父梁敬斌職事欽此鎮安府知府
岑天保本府土官洪武二年授知府故嫡長男岑志剛
二十八年十一月襲永樂元年患病男岑永壽署事八

年正月奉令旨既有殘疾准他兒子替了掌印凡有的
事務還要岑志剛管辦敬此老疾兒岑元氣正統九年
正月奉聖旨岑元氣既廣西三司保勘明白極邊關隘
缺人管束准他就那裏替職管事不為例欽此故弟岑
元全會勘應襲就於軍前冠帶襲職聽用殺賊會奏明
白成化二年正月題准襲職知府岑元全照舊軍前殺
賊事寧之日到任管事故男岑鉅十三年七月題准就
彼冠帶襲職故嫡長男岑金弘治十年十月奉聖旨准

他襲欽此故男岑瑩應襲又該太監潘忠等奏稱本府
地方設在極邊與歸順州土舍岑璋有仇屢被侵占乞
免岑瑩赴京就彼冠帶准與實授本月奉聖旨是著做
知府還不與襲欽此歸順州土官知州岑瑛係峒主加
調報效土兵三千名臨敵各兵勇健獲功儘多先該峒
老黃昌等累告復設州治舉保岑瑛授以知州職事會
議得峒主岑瑛授以知州弘治九年十月奉聖旨是欽
此思明府知府黃忽都世襲土官籍前元授武略將軍

思明路軍民總管洪武元年欵附二年開設衙門授恩
明府知府故男黃廣平襲故無子次男黃廣成署事二
十八年奉聖旨准他襲欽此故長男黃瑀永樂十一年
六月奉聖旨著他襲了欽此風疾本年五月男黃鈞替
被族人黃政等殺死奏保男黃道就彼冠帶襲職弘治
六年患病嫡長男黃光陛查無三司會奏行勘未報正
德三年十二月俱故擾勘土舍黃暘係嫡長親孫應襲
祖職及稱該府設近安南地方合照岑溎事例免其赴

京欲令就彼冠帶襲替本月奉聖旨是黄賜着做知府
還不世襲欽此馮祥縣知縣李德懋思明府馮祥洞土
人洪武二十八年赴京除授上石西州知州故男李壽
賢接管洞事洪武元年歸附將本洞印記差頭目李處
等賫赴總兵官交割後各洞兵罷洪武二年授廣西省
馮祥洞知洞殘疾男李昇二十四年欽做世襲廵檢二
十八年九月除馮祥廵檢司世襲土官廵檢照流一同
管事還着流官掌印永樂二年内官楊宗奏改設縣治

仍隸恩明府管屬奉欽依准他改做馮祥縣著禮部鑄
印土官廵檢李昇就陞做知縣掌印本年五月赴京謝
恩中途病故男李慶青署事大理寺卿陳洽等保襲永
樂四年閏七月奉聖旨准他襲欽此文選司缺册内查
得成化十八年改爲祥州土官李廣成化十一年襲知
縣十八年陞本州知州忠州知州黄威昇江州土官籍
洪武援忠州知州爲因阻當詔書十五年大軍收捕殺
戮官民絶滅餘殘土民郭保等告保黄中謹襲職二十

三年九月赴京准襲知州患疾長男黄智洪永樂九年
三月奉欽依委實病時著他替了欽此故洪熙元年弟
黄智勝襲故男黄溥成襲患病男黄鏸奏襲行勘成化
十三年布政司比例奏給冠帶查勘未報弘治十三年
黄鏸犯監故本年二月男黄瑚承襲查無三司會奏亦
無供結宗圖按候下石西州知州閉賢本州土官籍思
明府人前元襲授洞兵千户因本州土官亡絶洪武元
年舉保二年授知州故嫡長男閉三貴十八年承襲故

無嗣府帖委弟閉聰護印署事後告襲永樂二年六月
奉聖旨著他襲欽此故男閉瑀十六年四月奉聖旨准
他襲欽此思明府思明州知州黄志銘父黄均壽係本
府知府黄忽都弟欵附洪武二年三月赴京授思明州
知州故志銘洪武二十一年七月奉聖旨著他襲了欽
此思陵州知州常延壽本州襲土官洪武元年欵附兄
土官知州常彌堅將元時印信告繳被思明府隱蔽不
曾申明降印二十一年降印到州故長男常成護印永

樂四年正月奉聖旨先著常成做了思陵州知州還去
照勘欽此故次男常昌奏查正統元年十二月奉聖旨
且准他襲還行文書去著三司覆勘若有不實奏來定
奪欽此故長男常長告襲成化十四年四月奉聖旨是
欽此行令就彼冠帶襲職欽此正德三年患病長男常
伯勇病故無嗣常塏係次男應襲及稱該州設近安南
極邊地方合照岑瑿事例免其赴京欲令就彼冠帶奏
聖旨是著做知州還不世襲欽此利州知州岑顏泗城

州土官知州岑志良原任本州知州病故絶嗣委泗城
州知州岑振掌管後岑振病故故舉保伊男岑瑛襲職
布政司參得難任利州知州職事另行舉保有服兄岑
瑶嫡長男岑顏保岑瑛有服正親咨部承襲利州祖叔
父岑志良知州職事永樂元年閏十一月奉聖旨著他
做利州知州欽此被泗城州土官岑豹用藥箭射傷左
腿年老長男岑璿景泰元年五月十九日奏襲行勘未
報太平府羅陽縣知縣黄宗愈祖父黄瑄係本縣世襲

土官伯父黄谷保洪武二年授任本縣知縣四年有忠
州官族黄郎道手下頭目黄陸陪逃來本縣藏躲官軍
緝捕黄谷保奔入山岩自割身死子嗣勦殺盡絶祖父
黄得全因年老被馱盧與兵霸占縣治不能安居與父
黄用隆出外倚住洪武七年拾諭回縣民人黄桂壽告
保管辦縣事未蒙實授各病故黄宣係黄谷保親姪洪
武十八年閏九月奉聖旨既是照勘明白准他襲欽此
故男黄廣通宣德五年正月奉聖旨准他欽此故絶弟

黄廣海宣德八年二月奉聖旨准他襲欽此故男黄宗
愈體勘明白准令就彼冠帶承襲管事天順三年七月
奉聖旨是欽此故男黄仁敬成化十三年七月准就彼
冠帶襲職永康縣知縣楊榮賢前元永康縣尹楊朝英
男洪武元年歸附授本縣知縣故十六年府帖令男楊
益懲署事十九年實授故長男楊武高結部永樂十年
十一月奉聖旨著他襲了欽此故男楊瓊宣德七年八
月奉聖旨著他襲欽此故男楊雄傑成化二年正月准

行冠帶未襲楊雄傑照舊軍前殺賊候事寧到任文選
司缺册内查得成化十四年十一月改設流官潘衡陀
陵縣知縣黄福壽係本縣世襲土官歸附降印被本府
土官知府黄英慫拘黄在已後洪武十三年内將帶士
禼府治黄福壽故男黄真亮年幼本府委吏廖宗錫委
同權縣十一年帖仰令黄真亮暫署縣事二十年到縣
署事三十二年實授長男黄勝佑永樂六年七月奉聖
旨既是土官如今著他襲實授的知縣還取布政司與

太平府的保結欽此故親男黄𤨏宣德七年奉聖旨著
他襲欽此故正統十一年五月奏准令堂兄黄富襲職
故男黄永寬保襲闇亦故嫡長孫黄晟應襲成化十三
年五月准就彼冠帶到任管太平州知州李以忠本州
土官籍前太平府知府洪武元年歸附二年實授知州
故男李圓太襲職患病男李威敬護印署事故絶李鐸
係李威敬親弟三十三年雇襲故男李轂年幼宣德七
年出幼告襲本部議得伊父係革除年間替職人數本

年八月奉聖旨准他做只不世襲欽此患病景泰五年
鎮撫官保伊男李珏替職就彼冠帶承襲管事天順三
年七月奉聖旨是欽此故男李垙成化十五年三月奉
聖旨李垙准做知州不世襲欽此龍英州知州趙士賢
本州世襲土官籍洪武元年歸附授本州知州故男趙
人忠十二年襲故庶長男趙武威三十五年襲故庶長
男趙崇森襲未實授故次男趙崇彬應襲結部宣德八
年二月奉聖旨准他襲欽此庶男趙文榮景泰四年正

月准就彼冠帶後被賊射傷左腿男趙萬寧應襲本部
看得趙文榮不見自行告替又無三司會奏難以准理
天順八年八月二十四日行勘安平州知州李賽都本
州世襲土官男洪武元年總兵官歸附二年授本州知
州故嫡男李祖亦故庶長男李貴二十一年四月准襲
父職永樂四年征進安南被賊藥箭射傷殘疾嫡長男
李顯保部九年十一月奉聖旨准他替欽此十六年被
太平州知州李鐸興兵殺死三司保勘李顯同母弟李

華二十一年七月奉聖旨是欽此查有李華見在當日
襲職給憑回州管事後殘疾長男李森替職故長孫李
璘承襲故長男李裕次男李嬉相繼故絶弘治十年十
二月三司奏保第三男李禎應襲查得應襲土官底簿
内來歷與今奏詞宗畨不同奏查已故知州李璘以前
襲替來歷明白通行繳報行勘結倫州知州馮萬傑本
州世襲土官知州洪武二年除授患病男馮志威二年
九月奏准襲父職患病男馮郎黄改名馮武輝掌署本

州知州鄢修保勘馮武輝應替父職未實授後母岑氏
謗妬武輝承襲通同頭目農業等意在陷害武輝走脱
逃命岑氏返稱馮郎黄起兵奪印馮志威痼疾在床無
知文理輒信人吏潘松等捏申蒙三司委官體勘别無
奪印害父供報去後馮志威病故馮阿農等各狀赴府
告保武輝回州辦事頭目農業等將無籍幼小弟馮郎
高越例争襲馮郎高馮郎黄各具本差人賫奏公同體
勘例應馮武輝承襲具奏及該鎮遠州知州趙得茂亦

奏保馮武輝當襲永樂七年七月奏欽依吏部體勘得
明白了著他庶長做當郎吏部尚書兼詹事府詹事蹇
奏稱那庶長男馮郎黄父在時告他搶奪印信差人去
體勘來有這緣故如今馮郎黄馮郎高進馮見在這裡
欽依仔細審得明白了與他定奪欽此勘得馮郎黄係
已故知州馮志威庶長男雖應承襲緣伊父存日曾告
本人有悖逆奪印情犯難令承襲馮郎高係庶次男別
無過犯永樂七年七月奉聖旨馮郎高著他襲職馮郎

黃那厮無禮發去遼東都司安置故男馮崇富未襲亦
故續該龍英州知州趙文榮奏稱知州馮郎高病故男
馮崇富未襲問決本州申稱孫男馮奎應襲看得馮郎
高替職以來今七十餘年子孫不曾具奏襲替先年本
州吏目彭澄奏要將伊孫馮奎應襲本部看得前項名
字事有隱蔽行勘成化三年又奏前因查無三司會奏
行勘未報鎮遠州知州趙昂傑本州世襲土官籍洪武
三年授知州故男趙勝昌二十六年署事備馬赴京告

襲永樂三年八月奉聖旨趙勝昌著他襲了知州便回
去欽此七年被趙志能父子殺死男趙得茂應襲年方
一十歲保部為無親身前來八年九月奉令旨著他襲
了等出幼時來朝欽此故宣德八年四月男趙得興替
職征傷有疾保男趙富轂替職正統十一年九月奉聖
旨既應該替職准他欽此思城州知州趙斗清本州世
襲土官籍洪武元年歸附授知州故男趙雄威洪武十
年承襲故無子弟趙雄傑二十九年七月奉聖旨准他

襲欽此故長男趙志顯護印亦故次男趙志暉永樂十六年正月奉聖旨准他襲了罷欽此故七年男趙福惠襲患病男趙存宣襲替成化二年正月准行令已冠帶未襲職趙存宣照舊軍前殺賊候事寧之日到任征進染病長男趙忠順弘治十年十二月奉聖旨准他替欽此萬承州知州許祖俊本州世襲土官籍洪武二年歸附授知州故男許郭安保襲永樂四年總兵官委令土兵參隨官征進安南弟許郭泰俱各失陷許永成係庶

長男九年正月奉令旨是准他襲欽此故男許全正統
五年五月奉聖旨既土官准他襲還催都按二司保結
來若不實著三司拏解將來欽此景泰元年因調征進
風疾男許榮宗替職景泰四年六月奏准就彼冠帶故
男許瑢年一十二歲應襲本部查思同州土官知州黃
崇廣年六歲承襲事例成化十三年五月奉聖旨許瑢
准照例襲父原職欽此都結州知州農應廣前朝任知
州病故男農武高洪武三年實授知州故長男農威斌

署州未實授洪武二十九年四月被結倫州土官馮萬傑謀殺絕嗣儂威烈係親弟永樂元年二月奉聖旨著他襲還去要布政司官保結來欽此故長男儂永昌襲職為無本府官吏保結行取去後儂永昌未實授故弟儂永隆承襲宣德八年二月奉聖旨准他襲還閙布政司要委官保結欽此故男儂得安景泰四年正月奏准就彼冠帶全茗州知州許武興本州世襲土官籍洪武二年開設衙門管事故弟許武明承襲故無子許添慶

係許武明親叔奏准承襲故長男許武堅年一十歲諮
部永樂元年二月奉聖旨既是年幼免他來准他襲了
職欽此孫男許均玉景泰四年六月准就彼冠帶故男
許勝安成化十三年七月准就彼冠帶襲職茗盈州知
州李玉英本州世襲土官洪武二年歸附授知州二十
四年患病長男李福茂替職故長男李斌備馬赴京朝
貢告襲永樂四年正月奉聖旨著他做知州欽此故李
僾初長男李子賓宣德二年二月奉聖旨著他做知州

欽此老疾男李茂齡正統十二年四月奉聖旨准他襲

替欽此患疾男李季東成化二年正月准行就彼冠帶

襲煕舊軍前殺賊候事寧之日到任管事成化三年二

月病故絶嗣奏保親弟李季華成化十三年七月准就

彼冠帶襲職上下凍州知州趙帖從本州世襲土官籍

父趙清任前授龍州萬戸府元帥生長兄趙帖堅前授

萬戸府萬戸洪武元年將印幷脚色歸附洪武二年龍

州趙帖從齎貢赴京朝覲蒙將趙帖從除授太平府上

下凍州知州故長男趙福祥襲職被人射死次男趙福
高亦故三男趙福禹承襲永樂四年調管領土兵征進
安南失陷趙慶昌係趙福禹嫡長親男年一十一歲本
部為無親身赴京永樂七年正月奉令旨是免他來著
襲了職欽此故別無嫡庶兒男親弟趙慶隆告襲病故
無嗣趙福高男趙禮保勘聽襲闈又故趙禮男趙廣勝
天順六年保送軍前襲職患疾奏保男趙世真成化十
三年十月准行就彼冠帶襲職恩同州知州黄崇廣本

州世襲土官祖父黄宗勝原襲曾祖父黄赳嗣思同州
知州故洪武十三年父黄朝容係長男告襲三十年十
二月奉太祖高皇帝聖旨與他冠帶回去署事還體勘
他欽此三十二年實授故長男黄宗廣年六歲永樂四
年正月奉聖旨他雖年幼土人每既信服他著他襲做
知州欽此故男黄威顯正統十三年十月奉聖旨黄威
顯既總兵官三司等官保勘明白准襲他父知州著回
州管事撫恤人民欽此故長男黄志灝成化十一年四

月奉聖旨准他襲欽此左州同知黄郭鼎前朝左州知
州黄萬明男被上思州官族黄宗順興兵侵占提逼郭
鼎流移龍州住坐洪武元年歸附前土官知府黄英衍
將原占本州印信繳納總兵官處二年蒙降本州印信
黄英衍拘留在己三年本州鄉老接取黄郭鼎回州復
業故親男黄佛生二十二年府令署事二十八年為謀
殺等事府帖准令男黄慶斌暫署州事三十年為陳情
事提取絶嗣本年除流官知州張思温赴任三十二年

放回為民鄉老張五等告保黃勝爵係土官宗派應襲三十二年准襲本州同知職事後有耆民人等周安等隨本官朝賀告保同知黃勝爵陞除知州本部議擬不准永樂元年正月奉聖旨他首先來朝又有人保他陞做知州只不做世襲若不守法度時換了欽此故男黃蘊亮年幼宣德七年出幼奉聖旨准他做只不做世襲欽此故成化十二年并二十年節該伊次男黃昱奏襲行勘未報文選司缺冊成化十三年選流官知州韓隆

周安龍州知州趙帖堅世襲土官洪武元年歸附二年
赴京朝覲除龍州知州兼守禦職事故親弟趙帖安男
趙宗壽二十五年十一月奏准襲伯父趙帖堅職事故
男趙景升洪武三十一年襲趙景升為榜文事提問病
故無子堂叔趙武成承襲間為不法事提解行在都察
院病故男趙仁政宣德三年五月奉聖旨著趙仁政做
知州還去催那三司的文書來欽此故男趙南傑景泰
四年正月准就彼冠帶故男趙源成化十一年九月准

就彼冠帶到任管事故無嗣趙相係親姪及稱該州地
方設在極邊與交南抵界照岑瑬事理免其赴京欲令
就彼給與冠帶正統三年奉聖旨是趙相與做知州還
不世襲欽此慶遠府那地州知州羅黄貌係宋朝世襲
土官歸附洪武七年授本州知州九年被利州知州岑
志良殺害刼去印信十六年男羅寶赴京欽蒙重法降
印信除授本州知州十七年被賊殺死親男羅撻十九
准襲故男羅志通永樂十年五月奉聖旨准他襲欽此

故嫡長男羅文愈正統五年七月奉聖旨他是土人既
有府州官保結著他襲還行文書與布政司覆勘若不
實拏解來京欽此疾男羅武傑年十一歲成化十三年
七月奉聖旨著他襲欽此患病正德五年五月男羅廷龐應
襲及稱該州地方不寧乞免本舍赴京准令就彼冠帶
奉聖旨是羅廷龐著做知州還不世襲欽此廣南府同
知儂郎金洪武十七年任本府土官同知頑拗不服糧
差官軍勦殺聞逃亡十九年男儂貞祐襲二十九年又

為開設廣南衛守寨不服官軍擒殺永樂六年儂郎金
赴京自首比先詐死逃匿首要改過自新欽蒙放去遼
東住坐里老火頭何安等先保儂真祐男儂郎舉係儂
真祐等叛屬難准襲用將節次奏過緣由永樂二十二
年十二月初九日本部官題奉聖旨儂真祐犯的事在
大赦以前了他的兒子儂郎舉土人每既保他好吏部
行文書着他知道等他來朝時與他官職去欽此續該
本人到部洪熙元年正月奉聖旨這事都在大赦以前

了准縣國公説著儂郎舉做廣南府通判欽此故男儂
循祖襲征進欃川有功陞本府同知故男儂俊襲故庶
長男儂壽齡成化元年正月准行令儂壽齡就彼冠帶
承襲該三司會奏儂俊庶次親男儂良應襲成化三年
十一月准行令儂良應就彼承襲故十八年六月堂叔
儂士英奉聖吉儂士英著做土官同知欽此宜良縣湯
池巡檢司巡檢馬祺原江軍民府因遠羅必甸長官司
土民永樂二年父馬奴因曉夷語選充通事節跟都指

揮等官陳濬等征進八百累次下番故宣德二年馬祺
仍充通事景泰元年該雲南車里軍民宣慰司土官刀
思弄發等各奏保通事馬祺入番年久辦事公謹要照
巡檢馬速魯麻事例陞除土官職事景泰元年四月奉
聖旨既土官每保准他陞授巡檢欽此故長男馬添祥
次男馬詮相繼故絕馬祺次男第三男馬添祿應襲緣
伊父原充下番通事保陞土官巡檢不係軍功陞授查
有前項欽依不曾開有世襲字樣成化十六年十一月

奉聖旨馬添祿准做土官巡檢欽此嘉靖九年十二月
馬添祿改名榮祿親孫馬瓚奉欽依准令冠帶就彼到
任管事欽此南丹州知州莫金本州土人係前任知州
洪武二十八年莫金被大軍勦捕後有都督同知韓觀
令男莫祿暫管州事三十五年十一月奉聖旨已前太
祖皇帝時有罪的人便罪之饒了的便是好人似這幾
箇土官他每既自知過出來認納糧差又撫安得土人
好合當便著實用他如何著他署事你吏部行文書去

敎黄世或馬進福黄嗣宗莫祿知道都著他每實授知
州改隸的州縣地方不動欽此年老男莫植替職宣德
三年三月奉聖旨是欽此故男莫必昇景泰四年正月
奏准就彼冠帶武進伯朱瑛等照勑書事理將應襲弟
莫必勝准令就彼冠帶承襲天順三年七月奉聖旨是
欽此故嫡次男莫繼恒保襲弘治二年七月奉聖旨是
欽此東蘭州知州韋錢保係世襲土官知州洪武十二
年歸附授知州十八年故親男韋萬目二十八年准襲

患病嫡男韋贇見年一十六歲永樂五年八月奉聖旨
准他替職欽此故長男韋濟民永樂二十二年五月奉
令旨准他襲敬此故絶韋錢保孫常爵應襲告保在官
宣德七年被首賊黄文進等殺死長男常蔬正統元年
三月奉聖旨准他襲欽此故妾韋氏生男常興宗年六
歲保伊叔韋善借職候韋興宗長成退還職事十一年
七月奉聖旨准擬欽此後韋興宗長成景泰四年正月
奏准就彼冠帶替職仍將伊叔韋善革去冠帶閑住常

興宗病故男常祖鉉成化十一年十二月奉聖旨准他
襲欽此老疾男常正實陣亡要將嫡孫常虎臣替職行
勘未報嘉靖二年十一月撫按官會奏常虎臣病故男
常起雲幼小染病將伊弟常虎林承襲但稱該州設在
極邊地方讐殺未寧比照岑瀣事例免其赴京就彼實
授奉聖旨是韋虎林暫准冠帶照舊軍前管事待勘明
之日與他實授以後務要依期領兵防守若有違礙撫
按官奏來處治欽此三年復勘明白奉聖旨是常虎林

准與實授欽此奉議州知州黄嗣昌係向武州土官知
州黄世威男嗣昌有祖黄志威已備方物令伯父黄世
鐵赴京奏准除伯父黄世武任都康州知州次伯父黄
世鐵任向武州知州父世威授富勞縣知縣洪武三年
祖黄志威朝貢回還向武州在閑五年總兵官江夏侯
大軍到來南寧府祖父統領土兵接濟軍餉蒙授奉議
州撫守禦事後赴京朝賀十五年正月會同館内故二
十八年為鎮安府奏發蒙大軍到來征進父黄世威懼

怕前往泗城州寄住三十二年蒙總兵官招諭父黃世
或回守地方赴京三十三年除署向武州土官帶管富
勞縣事永樂元年實授先有奉議州頭目周真進等告
保黃嗣昌襲管奉議州事因有兄黃嗣宗在閑亦是黃
志威一般嫡孫讓兄黃嗣宗承襲除授知州被田州府
知府岑永通令弟岑永寧殺死兄嗣宗全家頭目黃父
名告保黃嗣昌承襲永樂四年正月初九日早本部官
於奉天門引奏奉聖旨著他做奉議州知州不志誠時

換了欽此故庶長男黄宗蔭奉議向武二州目民陳蔭
等告保襲奉議州知州兼管向武州事本部參照黄宗
蔭既係黄嗣昌庶長親男應襲奉議州知州其向武州
知州黄嗣譓亦係黄宗蔭同宗今既絶嗣本州事務亦
各准令黄宗蔭帶管宣德七年二月奉聖旨是欽此故
男黄文顯襲職景泰四年六月奏准就彼冠帶泗城州
知州岑振係本州土官知州岑善忠嫡長男振祖父岑
怒木罕授宣命散官武略將軍來安路總管父岑善忠

襲授宣命武略將軍來安路總管洪武初欵附給降印
信授來安府知府五年被宗叔岑堅捏詞排陷大軍收
捕已沐恩宥總兵官江夏侯將來安府與田州府知府
岑堅兼守禦事本府衙門不曾革併七年復附降印授
泗城州知州職事故長男岑振襲故長男岑瑄差頭目
蘇祥齎奏永樂元年五月奉聖旨岑瑄准他襲了欽此
故絶妻盧氏襲職永樂二十二年七月照欽依例准他
襲行文書著他知道欽此鎮巡三司奏岑豹告係岑瑄

親姪比先會立為嗣因年幼伯母盧氏借職今豹長男
大會議令岑豹承襲令盧氏在閑量撥附近田庄養贍
終身本部依擬具題宣德七年五月奉聖旨是欽此故
男岑應應襲成化十四年四月奉聖旨是欽此田州府
上隆州知州岑永通係本府在城籍已故田州府知府
岑堅長男洪武元年領衆歸附二年十月除授知州二
十六年父岑堅病故永通係長男具奏欽准襲父田州
府土官知府職事帶嫡長男岑祥在府聽承府事次男

岑瓊年幼令房叔岑貴撫育岑瓊在州協同流官辦納
稅糧等項事務岑瓊後長男年一十六歲出幼自備馬
匹等物進貢告授前職本部查得本州知州岑永通先
襲故父岑堅知府職事幷上隆州除授流官管事等項
議擬不准永樂四年十二月奉太祖皇帝聖旨著做知
州欽此故男陳氏宣德四年二月奉宣宗皇帝聖旨准
他襲行文書著他知道欽此後陳氏故絶景泰四年總
督等官保本府已故土官知府岑紹庶次男岑鐸任本

州知州本月奉景皇帝聖旨是欽此成化二年都督和
勇等奏稱廣西斷藤峽山極險峻各賊嘯聚為患看得
先任田州府上隆州知州岑鐸被伊祖母岑氏奏其姦
嫂謀殺親兄岑鑑拏送廣西布政司收監候伊母妻奏
訴並無姦嫂殺兄情由臣訪得岑鐸所犯係土官衙門
爭論事理伏乞以地方為重岑鐸宥其可矜疑之罪令
其復任上隆州知州職事邊來斷藤水路中間地名碧
灘開剳衙門把截道路等因奉憲宗皇帝聖旨他每既

會議處置停當都准行該看了來說欽此該兵部咨查議復奏奉憲宗皇帝聖旨是都准議碧灘立做武靖州隸潯府岑鐸饒了罪著武靖州知州欽此行令岑鐸武靖州土官知州正德三年故庶長男岑玘應襲及稱該州設在斷藤峽口盜賊不時出沒不可缺官撫理合照岑璗事例免有赴京奉武宗皇帝聖旨是著做知州還不世襲欽此恩城州知州岑烈本州原任知州洪武二十六年故絶景泰四年九月奏保本府土官知府岑紹

庶次男岑欽任本州知州奉聖旨是欽此慶遠府忻城
縣知縣莫敬誠本府宜山縣民前八僊屯土官千户莫
保子孫總兵三司保擒治房族土兵一千名口納糧追
出原虜去良民人口婦男一十六口送官陞本縣知縣
世襲故男莫鳳未襲先故孫莫魯應襲本部看係初襲
人數成化十三年七月奉聖旨莫魯准襲他祖原職欽
此崇善縣知縣趙福賢係本縣世襲土官知縣趙元佐
男洪武元年歸附二年授襲祖職患病長男趙暹永樂

元年正月奉聖旨是准他替職欽此宣德三年為侵占
地方殺擄等事全家抄劄景泰二年該太平等州縣鄉
老何全等告保李循懋承襲三司議得李嵩係李懋詐
名及目老黄杲等告保前土官農污孫男農廣賢蓋土
人挾詐多端若保别縣之人終不信服合無除授流官
知縣前來掌管正統三年八月奉聖旨是選的當除去
撫治夷民欽此太平府養和州知州趙志興本州世襲
土官籍歸附授本州知州故無嗣本州頭目闞二等告

保弟趙方承襲兄職護印故男趙武寧年幼布政司將
本州印信暫令土官弟趙志真掌管趙武寧出幼襲職
永樂元年二月奉聖旨既是年幼免他來准他襲了職
欽此故族目人等告保依庶兄趙武高襲職五年九月
奉聖旨免他來著襲了職欽此查得天順四年八月內
太平府知府林貴等奏保趙茂授職本部參係不准人
數本州已除流官管事年久仍難准理上石西州知州
何士弘本州籍係靜江府人為因本州官亡絶本府舉

保權辦州事洪武二年給降印信開設衙門就任本州
知州故二十一年府令男何義護印亦故無嗣本宗別
無以次兒男本州印信一向頭目鄧嬰守護及族目黃
髙興何士弘不係同族委係異姓無干之人不係承襲
成化十五年正月題准遷除流官知州彭侃訖永平寨
巡檢司巡檢黃文聰本府土官籍有前土官知寨黄常義
郎家人常進告有家人常義郎於洪武二十七年三月
初八日故黃文聰署事草併結安州知州張仕泰本州

世襲土官洪武元年歸附二年除授知州故絶親弟張
仕榮赴京朝貢二十六年襲故長男張高永樂四年正
月奉聖旨准他襲欽此正統十一年布政司咨據該州
倘甲村土民趙王二等告稱被結倫州知州馮宗富等
聚衆將本州知州張高殺死嘉靖七年添設三十員武
靖州知州岑邦佐田州吏目岑邦相臨時巡檢龍竒岩
馬甲巡檢盧蘇大田子甲巡檢黄冨萬洞甲巡檢陸豹
楊院巡檢林勴恩郎巡檢胡喜累彩巡檢盧鳯怕河巡

檢羅玉武龍巡檢王笋拱甲巡檢那相床甲巡檢盧保
婁鳳巡檢黄陳下隆巡檢黄對縣甲巡檢羅寛纂甲巡
檢黄采砦桑巡檢戴得怡牙巡檢李德恩幼巡檢楊趙
侯周巡檢戴慶恩恩白巡檢王受興龍巡檢韋貴定羅
巡檢徐五定安巡檢潘良古零巡檢覃岱舊城巡檢
黄石那馬巡檢蘇闕下旺巡檢韋文明都陽巡檢王
晋

四川

烏撒軍民府土官知府實卜係婦人洪武十六年除本
府女知府患病男阿能應替洪武十八年六月奉敬依
准替實卜病故長男禄苹先故嫡孫卜穆年幼保次男
阿能替職後卜穆年長赴京朝奏二十四年奉太祖皇
帝聖旨襲了欽此卜穆故男凱班年幼卜穆親弟阿達
借職永樂十六年正月奉太宗皇帝聖旨只著他親男
凱班做知府欽此阿達發回凱班未任病故保阿達姪
安銘赴京告襲中途亦故又保卜穆弟能得襲職宣德

二年九月奉聖旨著能得襲做知府欽此故堂弟尼祿
宣德五年六月奉聖旨准他襲欽此故堂叔公普茂係
阿能長男能得堂弟正統四年四月奉聖旨准他襲還
著三司保結前來欽此故卜穆應襲曾孫福客患病保
前故知府阿能長孫隴舊借襲成化四年三月本部題
准行令隴舊冠帶到任管事福客病痊照舊退還承襲
故後隴舊患風病退還福客親弟安伯承襲成化十三
年八月奉聖旨是欽此行令安伯就彼冠帶襲職故男

福沙亦故户絶三司奏保舍人安得係已故土官知府
實卜嫡派土官知府尼禄長男守通嫡長男安得應襲
弘治三年六月奉聖旨是欽此建昌衛軍民指揮使司
白水馬驛土官驛丞陳真係前建昌府雜造局民洪武
二十五年為因月魯作耗人民逃散蒙土官指揮使安
的差委招撫夷民就令署驛接應走遞三十一年本官
帯領陳真赴京奏保欽授本驛土官驛丞老疾宣德六
年男陳得名奉聖旨准他替職只不做世襲欽此老疾

男陳忠查無會奏擬將本人發回奏定奪景泰四年十二月奉聖旨路遠往復人難著他冠帶回去管事仍行都布按三司保勘明白若有奸詐解來發落欽此建昌衛軍民使司使司瀘沽驛驛丞楊興祖係本衛前僧綱司籍民洪武三十年赴京除授前職給由患病男楊應亮起送到部查得先該楊興祖朝賀到京將歷任脚色緣由具告定奪永樂元年正月奉聖旨著他從新去做欽此今要替職為查本官原係舉保授任别無功蹟今

告年老要替難准欲令回任聽終于官伊男隨父回還
宣德五年十月奉聖旨准他替只不世襲天順四年患
疾男楊晶患病五年兵部咨男楊景昭就彼冠帶縁先
年四川行都司并本衛二次奏保行仰三司會勘到今
二十七年之上未見勘報今奏前因仍難定奪弘治元
年十一月行勘未報爲蒙軍民府知府實哲係本府知
府亦得曾祖母洪武十九年七月蒙總兵官西平侯鈞
旨亦得年幼不諳理法著令曾祖母實哲替職本年十

一月文華殿啓聞託依蒙管事故男阿普襲故納孔年
幼難襲三十三年六月令伊妻詃圵替任管事亦故緣
男納孔先於三十一年五月保納孔妻撒可承襲前職
保部永樂二年八月奉聖旨著撒可襲了知府職事還
要布政司保來欽此故男禄昭告要就府冠帶承襲宣
德六年二月奉聖旨准他就那裏冠帶還催那保結來
欽此故無子正妻楊善亦故止有次妾撒姑應襲要照
撒可等事例就府冠帶襲職正統元年四月奉聖旨照

例准他還催取布政司保結來欽此故要保已故長男
厄勒正妻亦得母實固就彼冠帶正統十二年七月奉
聖旨准他襲還著三司保勘來若不實就著巡按御史
拏了問欽此親男禄尉告襲勘報成化四年三月准行
令禄尉就彼冠帶承襲患病伊妻寶舟應替六年九月
准襲故禄溥族兄阿圭嫡長男禄載應襲但稱該府地
方與芒部犬牙相攙難以摘離行令本舍照例納穀三
百石就彼冠帶管事嘉靖三年七月奉聖旨是這土舍

准照例納穀完日就彼襲替欽此重慶府信寧巡檢司巡檢田惟載思南民籍明氏時授懷遠將軍洪武四年六月大軍平屬田惟載赴京朝覲五年將宣撫司改設思寧進忠長官司授長官職事會同館病故有同去頭目邢仕安告蒙禮部奏令男田茂常承襲領勅印回還到任為因地方係彭水武隆二縣先行附籍别無地方申達啓奉令旨將思寧長官司改設信寧巡檢司係彭水縣所屬五年到任患疾次男田任諒告替三十三年

十二月准替成都府茂州汶川縣寒水巡檢司巡檢高
小金本縣上寒水里人父高良兒前代世襲巡檢洪武
七年六月欽授世襲寒水巡檢司土官巡檢故當年本
處首目孟道貴作耗總兵官克復威茂等處男高才貴
投降緣與孟道貴同寨人數將印信給與副巡檢孟尚
保掌署高才貴起解行至中途脫走回家一向為民後
孟尚保為事印信兵牌人等掌管三十一年里老人等
舉保高才貴管事赴京禮部批迴掌印署三十五年除

授巡檢朱麒到司管事當年赴京朝賀本官具告本司
原係土官衙門高才貴見在告奪永樂元年二月奉欽
依那土人高才貴已經赦了便是好人如今取他赴京
來除他去欽取永樂二年正月奉欽依著他做寒水巡
檢守法度時常教他做不守法度換了欽此故男高興
永樂七年二月奉令旨著他做巡檢只不做世襲不守
法度時不用他敬此故男高茂林宣德六年二月奉聖
旨准他做不守法度時換了欽此正統七年被賊殺死

九年男高隆送部查無保結欲將高隆發回勘奪本年
十二月奉聖旨高隆他父既被賊害該管官吏人等保
勘他係嫡長男著襲巡檢職事回去撫管夷民著四川
三司該府官覆勘併查印信有無奏來不許扶同作弊
欽此患病男高威故長孫高貴玄孫高天禄相繼病故
高隆庶長男高德弘治十年十二月奉聖旨是高德准
襲土官巡檢欽此芒部軍民府知府發紹係本府已故
土官安茲弟襲職洪武五年總兵官立嗣將姪男已作

起發赴京給賜冠帶回還十六年四月賜發給實授知
府朝覲病故總兵官著令已作署府事故妻速感應襲
二十二年十月奉欽依著做知府管事故男阿弟年幼
舉保枝葉小土官阿伯暫署府事候阿弟長成承襲二
十八年准令署事阿弟出幼備馬赴貢告襲永樂三年
十二月奉聖旨准他襲職欽此十二年妹香珮襲故兵
部尚書王某題阿弟無子保阿弟庶長男寨戴亦故推
保本人正妻奢貴照本府女土官知府速感等繳部准

令就府冠帶事例令奢貴冠帶管事正統七年五月奉
聖㫖准他後不為例欽此故三司奏勘居宗係奢貴親
子應襲要令就彼冠帶議擬再勘會奏天順三年五月
奉聖㫖是欽此未襲故成化四年勘得居宗正妻奢慈
應襲本年三月准行令奢慈就彼冠帶承襲故二十年
奢慈男隴慰告襲行勘未報嘉靖元年祭將何卿保土
舍隴壽該襲及弟隴政爭奪先該布政司結勘奏保隴
壽在萬里不毛之地既該彼處官司會勘准照及邉事

例就令在彼襲替仍取宗圖奏奉聖旨是准在彼襲替欽此東川軍民府知府攝賽係烏撒軍民府前知府實卜長女軍民府女土官知府姑勝古長男阿發娶為正妻夫故前知府姑勝古年老洪武二十年欽依承襲知府二十一年本府蠻民為逆大將軍收剿二十四年復職二十六年奉太祖皇帝聖旨依舊設做府治土官攝賽還著他做知府欽此故男普合備馬赴京進貢永樂四年正月奉聖旨准他襲欽此故男阿得年幼衆議親

弟阿伯暫襲侯阿得長成襲替具本差小土官以車等
齎奏永樂十年正月奉聖旨不准他兄弟襲職只着他
皃子襲便十歲以下也着襲了他那兄弟既是夷民信
服着他做首領官名頭幫那小的辦事欽此故後保堂
弟普得就府冠帶正統三年正月奉聖旨既有三司委
官保結且准他襲還行文書去照勘若有不實奏來定
奪欽此故男烏伯查勘應襲准令就府冠帶天順三年
四月奉聖旨是欽此嘉靖五年奏保祿慶承襲本月奏

聖旨是禄慶准照例納穀完日就彼襲替欽此同知李
任廣本州人𫈲授前宣慰司副使洪武四年授降七年
七月授龍州同知十六年赴京朝貢故男李昭洪武十
八年啓准襲故男李覺永樂十年正月奉聖旨准他襲
欽此十二年赴京朝貢故次男李爵應襲二十二年正
月奉聖旨照例欽此判官王祥本州古城鄉人授前宣
慰司副使洪武四年授降七年除授龍州判官故男王
恩民十六年赴京朝覲當年十一月襲職患疾男王真

永樂三年十二月奉聖旨既患眼疾准他替了欽此故無嗣故弟王智男王崇政永樂二十二年正月奉聖旨照例欽此故王璽係王恩民庶長男宣德三年十二月奉聖旨准他襲欽此龍州宣撫司經歷司知事康進忠宣德二年充把事為因松茂作耗總兵官蔣貴坐調本州土兵差委土官知州薛義忠同康進忠前赴軍前聽調殺賊寧息七年番蠻仍復作耗本州差委督領守有功九年陞龍州為宣慰司土官知州薛繼賢同里老吏

文富舉保康進忠陞任土官知事不支俸給十年十月差把事王恩聰伴送康進忠赴通政司告授本年十二月奉聖旨吏部知道欽此正統元年正月奉聖旨旣已土官土人舉保著他做知事不爲例欽此故男康志新先故會奏康志誠委係康進忠嫡男成化十七年六月奉聖旨康志誠准做土官知事欽此故弘治六年弁十三年康茂禾康茂倫各奏承襲行勘未報弘治十五年題康志誠故康茂倫襲職本舍祖係保陞不曾開有世

襲字樣奉聖旨康茂倫准襲土官知事欽此正德十三
年康茂倫親男康廷鳳該襲正舍自祖以來不曾開有
世襲字樣奏奉聖旨是康廷鳳准襲欽此天全六番招
討太平驛土官驛丞高庸本司土人洪武年間本司委
接遞使客永樂八年任驛丞故男高孟儀十年襲故男
高倫景泰二年襲故長男高志洪成化十四年二月二
十七日准襲平樂府照平堡巡檢司巡檢龍彪冠帶千
長先該峒老黄昌等復設州治巡檢舉保龍彪授本堡

巡檢會議得千長龍彪改授照平堡巡檢帶領土兵乘
坐哨船專一巡哨弘治九年十月奉聖旨是欽此馬湖
府知府安濟蠻夷長官籍羅羅人洪武四年授降患病
令男安本代領各司土官王麒等赴京五年正月改立
馬湖府安濟授世襲知府患病男安本奏准襲職故男
安濬永樂五年三月奉聖旨准他襲欽此男安灝正統
三年二月奉聖旨且准他襲還行文書去體勘如果違
礙具奏定奪欽此故弟安洪景泰三年二月奏准行令

就彼冠帶襲職患疾長男安鼇成化六年六月准行令
就彼冠帶替職弘治八年文選司付開土官知府安鼇
為事問擬凌遲處死家口遷徙撫巡三司奏要改設流
官知府本部覆題奉聖㫖准改設流官知府欽此選知
府程春震訖龍州知州薛文勝本州鎮平鄉人先任明
氏龍州宣慰司同知洪武四年投降七年授龍州知州
十二年克復松州文勝署松州事十三年招諭到雪郎
等二十四族土官備馬赴京朝覲欽依松潘安撫司安

撫故男薛繼賢十八年九月奉太祖皇帝聖旨不要照
勘准他承襲欽此十九年備馬赴京謝恩二十年赴京
請授誥命本年正月奉太祖皇帝聖旨改為龍州知州
與他誥命欽此患疾長男薛忠義永樂二年八月奉聖
旨准他替欽此宣德二年為因松潘番人作耗坐調本
職前征有功宣德九年十一月陞襲宣撫司宣撫患疾
男薛志昇正統二年十二月奉聖旨該部知道欽此兵
部掌行

貴州

婺川縣知縣田惟厚思南宣慰司民祖土居頭目前元

授武德將軍沿溪洞掌管職事男田茂得患疾未任故

後有婺州縣缺流官土官知縣宣慰田大雅舉保伊男

田任信永樂元年四月奉聖旨准他做只不做世襲若

不守法度時換了欽此患疾男田弘濟應襲爲查田任

信不係世襲官員今既患疾本縣見有流官知縣孫騎

管事難以准襲具奏將本人送順天府給引照回原籍

說縣丞陳隱恩南恩印江長官司積祖土居頭目前元

授恩州安夷縣知縣男陳恩賢洪武四年前土官宣慰

使田仁智委令官解方物在途病故後因婺州縣缺土

官縣丞宣慰使田大雅將伊男陳怡舉保永樂元年四

月奉聖旨准他做只不做世襲若不守法度時換了欽

此故庶長男陳瑀保襲查無世襲事例發回原籍當差

都儒五堡三坑等處巡檢司巡檢申世隆原三坑圖人

前任大萬山長官司長官申俊係世隆孫男該宣慰使

田大雅舉保到部永樂元年四月除授前職故正統七年保男監生申祐襲職本部參得不係世襲奏准立案景泰四年三司又保嫡孫申秩承襲本部仍參不係世襲三月二十九日奏准發回為民文選司缺册内查得成化十年七月除流官朱光貴州都司普安衛軍民指揮使司安順州同知阿窩原充龍家寨長洪武十四年歸附累年備馬赴京朝賀十八年除授本州判官三十五年無嗣親姪阿宇本年九月奏准令襲職陞本州同

知永樂五年十二月男阿寵替職景泰二年遇例納米
陞知州故長男張承祖天順七年閏七月題准不為常
例將張承祖准襲土官知州仍貼流官知州辦事成化
二年為因土官安受堂弟安查與土官顧鐘爭管地方
讐殺人命互相奏告三司會問得張承祖造意主使殺
人監故男張節故絕太監張成等奏稱張承祖既是不
曾犯該姦盜判逆草職等罪在監病故絕嗣張傑係張
承祖胞養為子堂姪應襲其張傑高叔祖阿寫原任土

官判官伊曾祖阿宇原任土官本州同知俱因軍功陞
授成化十八年三月奉聖旨張傑准他襲土官州同知
欽此故姪張軾弘治十六年告襲查本舍祖父不曾開
有世襲字樣奉聖旨張軾准襲土官同知欽此鎮遠府
同知何斌思南宣慰使司鎮遠州鎮遠金容金達蠻夷
長官司籍祖土居頭目曾祖何信甫前原任高丹洞長
官故祖何九昇任思印江長官司正長官故父何濟係
嫡長男襲職本州知州戴子美病故户無應襲之人蒙

思南宣慰使司宣慰田大雅將父舉保洪武三十五年
九月奉聖旨州縣設的官都依太祖皇帝舊制這長官
准他保做知州欽此後該貴州鎮遠府鎮遠州吏目胡
壽奏稱民少官多要行裁革鎮遠州存留新設鎮遠府
將土官知州調除同知判官對品改用其餘流官乞取
回部三司議計得鎮遠府鎮遠州委的民少官多欲將
鎮遠州裁革存留鎮遠府管屬各長官司本州土官知
州同知判官何宣等乞勑該部定議知州量改鎮遠佐

貳官職事同知判官量改鎮遠施秉二長官司正副長
官等職本州流官印信俱送該部正統三年四月奉聖
旨該部知道欽此議得鎮遠府鎮遠州委的民少官多
要將鎮遠州裁革存留鎮遠府管屬各長官司合無准
其所奏數內土官同知判官量改鎮遠施秉二長官司
正副長官等職係行在兵部掌行除行定奪外緣土官
知州何宣係從五品本府止有同知係正品別無從五
品職事未敢定奪乃裁革本州流官知州梁埠吏目胡

壽并印信合當取回吏典合當從改撥正統三年五月
奉聖旨土官知州何瑄不為例著做鎮遠府同知其餘
的准議欽此天順四年九月患疾長男何斌替職天順
五年六月奉聖旨是欽此故五年長男何麒應襲本年
十月准行令何麒就彼冠帶承襲故庶男何魯承襲就
彼冠帶本舍自祖不曾開世襲字樣弘治十六年十月
奉聖旨何魯准他襲欽此故長男何承宗應襲父職本
部看得本舍自父祖授官承襲以來原無開有世襲字

樣等因題奉聖旨准他襲欽此鎮遠府通判楊從禮思
南宣使司鎮遠州鎮遠金容達蠻夷長官司土官籍授
前代忠翊校尉鎮遠州同知病故男楊忠順授前代忠
勇校尉鎮遠州同知洪武五年改設鎮遠州世襲同知
男楊恩恭於二十三年九月十九日襲職患疾宣慰田
大雅舉楊政麒係嫡長男保送到部洪武三十二年正
月准襲患病長男楊永泰保襲間故楊政麒次男楊永
寧帶領永泰次男楊瑄赴京承襲楊永寧奏稱要照知

州何瑄改陞同知事例令姪楊瑄襲任鎮遠府佐貳官
該兵部議擬正統七年十一月奉聖旨楊瑄著做鎮遠
通判不為例欽此正統十四年楊瑄殺賊有功陞從五
品成化二年調領民兵征進茅坪等處陣亡未有兒男
保送親叔永寧嫡長男楊裕襲替閻楊瑄妾趙氏生子
楊復生仍保楊裕借襲三年十二月題准行令楊裕就
彼冠帶借襲堂兄楊瑄土官通判俟楊復生長成照舊
承襲弘治三年楊裕退還通判職事已故通判楊瑄庶

長男楊復生應襲弘治三年五月奉聖旨是欽此故親
男楊舊該襲查得本舍自祖以來不曾開有世襲字樣
嘉靖元年十一月奉聖旨是准他襲欽此故嘉靖十五
年五月親弟楊薰應襲查得本舍自祖以來不曾開有
世襲字樣本月初四日奉聖旨准他襲欽此推官楊再
華恩南宣慰使司鎮遠州僉容金達蠻夷長官司籍祖
土居頭目前元任恩州軍民宣慰司管軍萬户男楊政
潮任鎮遠軍民安撫司副使故後因本州缺土官流官

判官本司宣慰使田大雅舉保伊男楊通全送部填任
判官永樂元年四月奉聖旨准他做只不世襲若不守
法度時換了欽此患病長男楊光勝替職緣本官不係
世襲官員十四年十二月奉聖旨准他替欽此患病長
男楊昌珪應襲緣不係世襲官員宣德十年二月奉聖
旨准他替職去管事欽此正統三年裁草本州衙門將
楊昌珪量改鎮遠等長官司副長官未授病故將男楊
忠保送替職楊忠比土官何瑄等改任府官事例於正

統十一年正月奉聖旨楊忠不拘例著做鎮遠府推官
職事欽此楊忠患疾男楊欽應襲成化十三年十一月
題准行令就彼冠帶襲職患病男舉人楊載春應襲正
德四年十二月奉聖旨是楊載春准他替欽此覃韓編
刀水巡檢司巡檢陸公閲思南宣慰使司思印江長官
司籍充思南宣慰使司奏差洪武七年十一月本司前
宣慰使田任智舉保欽除本司巡檢男陸傳應襲老疾
保姪陸機替襲正德十一年七月奉聖旨既是土官准

他替還催保結來若有虛詐問罪不饒欽此正統十六
年該部題土舍陸爵高祖陸公閔父陸玫替襲土舍陸
爵係已故土官陸機親孫故舍陸玫親男為照陸爵祖
父故後十年之外既經守巡此冊無碍但本舍自祖以
來不曾開有世襲字様題奉欽依准他襲仍不世襲欽
此新添衛新添長官司寃城河土官巡檢羅補孟原係
本處土人正統十四年賊首阿抱等偽稱蠻王反叛男
羅信潛從山箐偷路告討救兵領副總兵田都督榜起

集民夫採木搭蓋凳城河橋梁節次隨軍敵賊斬獲首
級解官景泰二年總督軍務侍郎侯璡題欽依陞授土
官巡檢職事專守凳城河巡捕傷故男羅澄應襲成化
十四年正月奉聖旨羅澄應襲他父原職欽此宣慰司
谷龍巡檢司土官巡檢宋海先充頭目正統十四年貴
州諸夷反叛宋海領兵親殺首級六顆景泰元年攻克
光翁羊場等處寨共殺首級五顆總督軍務侍郎侯璡
奏准將宋海授巡檢就領所管原寨人民守谷龍一帶

地方巡捕盗賊天順四年患病嫡長男宋權題准承替
照舊守把谷龍等處路口巡捕盗賊老疾嫡次男宋煇
應襲弘治十一年十月奉聖旨是准他替欽此的澄河
巡檢司巡檢劉樞原係貴竹長官司土民正統十四年
洪江邛水賊寇反叛指揮張貴招諭民兵將男劉仲成
等充總甲劉樞及弟劉機等充當敢勇隨同張貴殺賊
劉樞節次殺賊有功景泰二年總督侍郎侯璡等奏准
將劉樞授的澄河巡檢職事着令守把隘口巡捕盗賊

故男劉炎成化十七年十月奉聖旨劉炎准做土官巡
檢欽此故男劉坤弘治十二年七月奉聖旨是准他襲
欽此永寧州盤江巡檢司巡檢李阿康洪武年間充普
安路把事故男李阿定承充把事故永樂十四年改設
普安州將男李誇仍充把事正統三年跟隨土官隆本
等征進麓川等處節次殺賊有功總督侍郎侯璡奏准
陞授永寧州盤江巡檢司巡檢不世襲仍管本州把事
專一捕盜不管司事故男李安患疾嫡長男李英應襲

祖職成化十八年八月奉聖旨李英准做巡檢不世襲

欽此普安州判官隆禮始祖金龍任元普安路軍民總

管府懷遠大將軍陞曲靖宣慰司故始祖母適恭率部

夷民首先歸附洪武十六年授普安軍民府知府世襲

故高伯祖普旦襲故高伯祖者昌三十二年襲授貢寧

安撫司安撫改設衙門任事調征新添等處殺賊有功

故永樂元年曾祖慈長襲改設普安安撫司永樂十四

年改設普安州祖隆本宣德八年襲本州土官判官後

征麓川有功正統五年陞本州同知伯父隆德先故次
伯父隆壽襲三伯父隆賽未襲故俱無嗣父隆暢係祖
隆本第四男成化三年襲本州土官判官患病嫡次男
隆禮應襲查得父原襲土官判官俱不曾開有世襲字
様成化二十二年五月奉聖旨隆禮准做本州土官判
官欽此弘治十五年題開已故土官判官隆暢隆禮被
賊殺死止有隆暢妾適擦同女阿鐸見在就彼承襲傒
伊女襲替阿鐸身終另行奉聖旨是着就彼襲職欽此

黄沙渡巡檢司土官巡檢黎彬永樂年間充辦事人征
進清水江等處殺賊有功故宣德年間男黎通率領𣎴
兵往来哨捕蠻賊正統十四年總兵官方瑛仰黎通會
合指揮張貴節次殺賊巡撫貴州大理寺右寺丞王詢
等議得黎通招撫寨民殺賊有功奏准黎通填註黄沙
渡巡檢司土官巡檢故男黎譓成化十年十一月奉聖
㫖黎譓着做土官巡檢不世襲欽此故絶嘉靖十六年
三月弟黎詵男黎完借襲係姪黎元麟係黎譓長侄孫

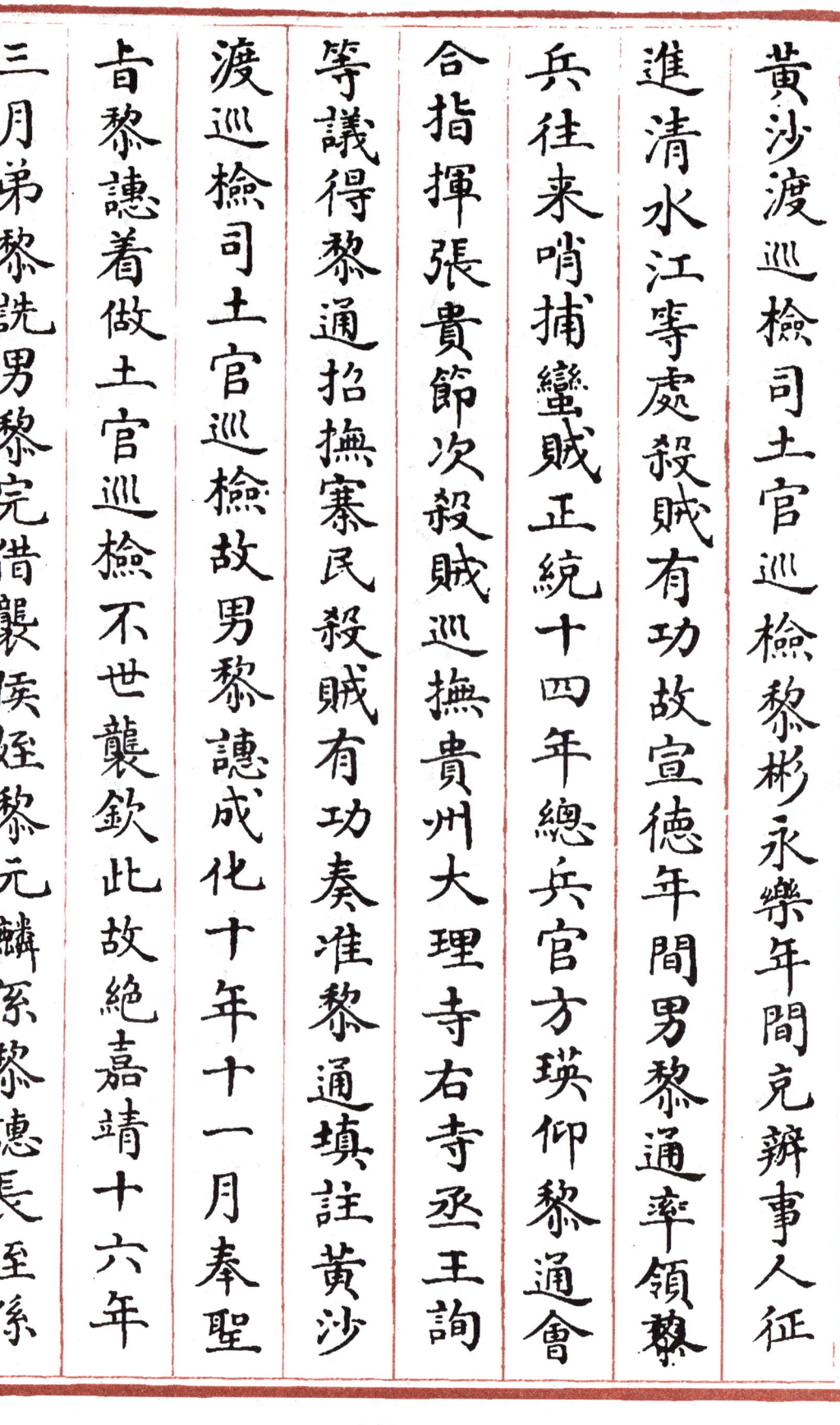

出幼襲思南宣慰使司司獄司司獄曹克敬思南宣慰使司思印江長官司土民祖父曹伯玉父曹承澤積祖克宣慰司頭目洪武三十一年故克敬接克頭目本司司獄程汝良故伊男程存仁見任思南千戸所鎮撫缺官宣慰田大雅舉保奉勘起取赴部永樂二年四月奉聖旨着他做欽此

湖廣

永順軍民宣慰使司上溪州知州張友諒永順軍民宣

慰使司上溪州永順白巖峒村人已故知州彭義保土
民張麥直踵次男甲辰年方一歲出繼與伯父白巖峒
長官張金隆為男後本官病故洪武九年就襲伯父長
官司職事知州彭義保洪武三年除授知州故宣慰使
彭添保舉友諒歸宗襲父知州永樂三年三月奉聖旨
既這等保結來了張友諒着他做知州行文書着他就
那到任欽此正德十四年五月本部題據湖廣布政司
奏土官知州張宗保射傷病疾親男張大本該襲到部

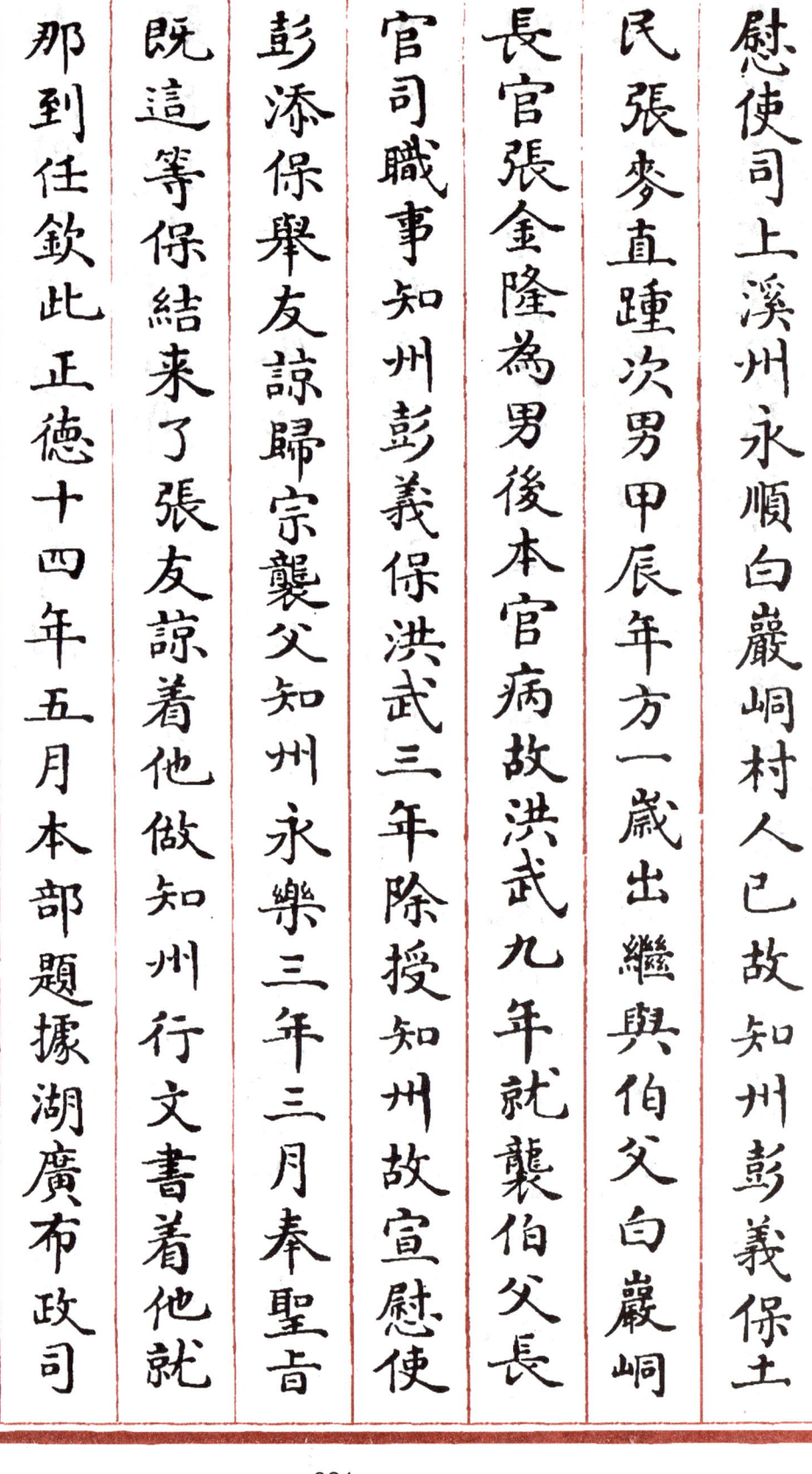

本舍自祖以來俱無世襲字樣奏奉聖旨准他襲欽此
南渭州知州彭什才有祖父驢總可宜原係土民頭目
歸附授本州知州故洪武三年令父彭萬滿襲二十三
年為夏得中等作耗總兵官將本官擒獲在陣身亡什
才年幼已故宣慰司彭添將本州印信拘収掌管三十
四年將印信與什才署事若便將本州印信拘送誠恐
土民驚疑如蒙將印信與人戶存留仍令已故知州彭
萬滿嫡長親男彭什才承襲掌管土民便益永樂九年

十一月奉聖旨准他着彭什才做南渭州知州欽此弘
治十五年七月題湖廣都司會奏南渭州知州病故彭
靖係借職曾孫彭定上溪州知州張信病故孫男張宗
保施榕州知州田旺病故孫男田廣各相應就彼承襲
但各土舍祖授俱不開世襲字様奉聖旨各准襲土官
知州職事欽此故孫男彭良誠正德十年三月奏襲查
本舍自祖以來不曾開有世襲字様奏奉聖旨是各准
承襲父祖原職欽此施榕州知州田金隆本州祖居洪

武三年授本州知州故男田健隆蒙宣慰使司着令承
襲署事故宣慰司彭添就令健賢署事不曾寔授布政
司奏保田健賢的係田金隆親孫例襲查得田健賢田
金隆不曾申達奏請擅稱知州職名合行取問永樂九
年十月奏聖旨着田健賢襲知州了罷行文書去着他
知道再這等時不饒欽此故男田旺無三司保結正統
元年閏六月奏聖旨既是洪武永樂年間有這等事例
田旺也准他襲職回去還行文書去着湖廣三司官吏

將保綳來欽此故男田潤奏襲弘治十年節次行勘未報
正德十年本部題湖廣布政司奏已故土官知州田廣男
田貴該襲連人到部本舍自祖以來不曾開有世襲字樣
奏奉聖旨是各准承襲父祖原職欽此
廣東
廣州府新設龍門縣龍門巡檢司土官副巡檢黃宗誠係
土人該鎮巡會奏土人黃宗誠堪任副巡檢弘治九年八
月奉聖旨是欽此

土官底簿卷下

總校官候補中允臣王燕緒

校對官中書臣康儀鈞

謄錄監生臣萬代清

圖書在版編目（CIP）數據

土官底簿 / (明) 佚名撰. — 北京：中國書店，
2018.8
ISBN 978-7-5149-2048-2

Ⅰ. ①土… Ⅱ. ①佚… Ⅲ. ①官制－史料－中國－古代 Ⅳ. ①D691.42

中國版本圖書館CIP數據核字(2018)第080196號

四庫全書·職官類

土官底簿

作者 明·佚名撰
出版發行 中國書店
地址 北京市西城區琉璃廠東街一一五號
郵編 一〇〇〇五〇
印刷 山東汶上新華印刷有限公司
開本 730毫米×1130毫米 1/16
印張 20.75
版次 二〇一八年八月第一版第一次印刷
書號 ISBN 978-7-5149-2048-2
定價 七六元